Sur la route du pèlerinage de Trondheim

© Tapir Academic Press, Trondheim 2008

ISBN 978-82-519-2304-0

This publication may not be reproduced, stored in a retrieval system or transmitted in any form or by any means; electronic, electrostatic, magnetic tape, mechanical, photo-copying, recording or otherwise, without permission.

This book has been published with founding from and in cooperation with:

- Pilot Project the Pilgrim Way
- Stiklestad National Cultural Centre
- Sør-Trøndelag County Administration
- Trondheim Local Authority

Layout: Tapir Academic Press
Printed by: 07 Gruppen AS

Editor: Stein Thue
Translation: Amesto Translations AS

Photo cover: Th. kittelsen «Langt langt borte saa han noget lyse og glitre» (Soria Moria slott).
/"Far in the distance he saw something shining and shimmering" (Soria Moria castle).
Photo: J. Lathion © Nasjonalmuseet 2008

Tapir Academic Press
NO–7005 TRONDHEIM
Tel.:   + 47 73 59 32 10
Fax: + 47 73 59 84 94
E-mail: forlag@tapir.no
www.tapirforlag.no

Photo Pål Ove Lilleberg →

Sur la route du pèlerinage de Trondheim

tapir akademisk forlag

Table des matières

Plus d'une route de pèlerinage	5
Le pèlerin errant	7
Le roi saint	9
Stiklestad : un tournant	14
Par mer et par terre	16
Carte du pèlerinage De Trondheim	18
De Sundet à Nidaros	20
De Saksvikkorsen à Nidaros	26
Le paysage médiéval	32
La cité des pèlerins sur les rives de la Nidelven	34
La cathédrale de Nidaros	40
Les insignes de pèlerinage	46
Les églises d'Olav en Europe	48
Carte de Trondheim	50
Bienvenue à Trondheim	52
Un bref historique de Trondheim	57
Chemins de pèlerinage en Europe	60
Bibliographie	61

Photo Pâl Ove Lilleberg

Plus d'une route de pèlerinage

Les pèlerins du Moyen Âge suivaient la route empruntée par le peuple, que l'on appelait « *tjodvei* » et qui était la voie publique de l'époque. En d'autres termes, les pèlerins ne trouvaient pas un chemin unique qui les menait à destination, mais il y avait au contraire plusieurs itinéraires jusqu'à Nidaros. La carte en page 16 en montre sept, dont la route maritime. Les autorités locales ont érigé des panneaux d'indication pour guider les pèlerins des temps modernes qui parcourent de longues ou courtes étapes le long des routes et chemins d'autrefois.

Parmi les nombreux chemins qui mènent à Nidaros (l'ancien nom de Trondheim), il fut décidé, à la fin des années 1990, de signaliser l'itinéraire venant d'Oslo passant par la Gudbrandsdalen et l'itinéraire venant de Suède via Stiklestad, soit une distance totale de 930 km. Après 1997, la route de pèlerinage qui passait par l'Østerdalen, le chemin de Skardøra à Trondheim, le chemin de pèlerinage de Grong à Stiklestad (*Nordveien* – la route du Nord) et la route orientale d'Oslo à Hamar ont également été indiqués, améliorés et reconnus comme des chemins de pèlerinage. Dix ans après l'ouverture des premiers itinéraires de pèlerinage en 1997, nous comptons plus de 2 000 km d'itinéraires balisés qui serpentent au travers de 45 communes.

Les pèlerins se rendirent auprès du tombeau de saint Olav dans la cathédrale de Nidaros pendant un peu plus de cinq cents ans, entre 1031 et la Réforme en 1537. Si aujourd'hui, plus de cinq cents ans après l'arrêt des pèlerinages, nous encourageons à nouveau à emprunter les chemins de pèlerinage, c'est pour profiter des bienfaits d'une activité de plein air, d'une expérience culturelle unique et de l'introspection.

Le pèlerin n'hésite pas à laisser derrière lui tout ce qui lui est cher pour traverser de nouveaux paysages, pour devenir un *pérégrin*, un voyageur venu de loin. Au Moyen Âge, il rompait avec tout ce qui l'entourait pour exprimer sa dévotion, rechercher la guérison ou faire pénitence. Le pèlerin d'aujourd'hui recherche la connaissance, la détente et l'épanouissement personnel, si bien que le cheminement en devient même plus important que la destination. Le pèlerin comprend qu'il a un chemin à parcourir et que sa tentative comporte un risque. Mais les bienfaits qu'il en retire compensent largement le risque pris par celui qui ose s'embarquer dans une telle aventure, car il reviendra de cette enrichissante pérégrination plus riche d'au moins une idée et plus pauvre d'au moins un préjugé.

Romboleden (la route de pèlerinage du Rombo)

La route de pèlerinage du Rombo – également appelée la « grande route du Rombo » – doit son nom aux larges plaines qui s'étendent au nord du lac de Mälaren en Suède, autrefois appelées « Rombolandet » (le pays du Rombo). Cette route de pèlerinage part de Köping en passant par la Hedströmdalen et le Skinnskatteberg en direction du district de la Dalécarlie et se poursuit jusqu'en Norvège par le col de Skardøra. À la frontière, près du col, la route du Rombo est rejointe par deux autres routes appelées Jämt-Norgevägen et Kårböleden. Elle continue ensuite par Tydal, Selbu et Malvik en Norvège avant d'arriver à Trondheim par Saksvikkorsen. La route du Rombo était autrefois l'artère principale qui menait à Trondheim par l'est. Comme la totalité de la distance jusqu'à Nidaros est balisée, c'est la plus longue route de pèlerinage des pays nordiques.

Østerdalsleden (la route de pèlerinage de l'Østerdal)

La route de pèlerinage de l'Østerdal commence au sud de Karlstad en Suède, à l'endroit où la rivière Klara se jette dans le lac Vänern. On y trouve une petite grotte appelée « St. Olavs gryta » (la grotte de saint Olav). Cette route suit la rivière en remontant au nord vers Edbäck, via Dalby et Ransby avant d'entrer en Norvège à Lutnes à Trysil. Traversant de profondes forêts et de vastes montagnes, les randonneurs sillonneront Nybergsund et Trysil Innbygda en direction des Munkbetsetra (les pâturages d'été des moines), qui viennent rappeler que c'est ici que les chevaux des pèlerins paissaient et se reposaient. Nous dépassons Åkrestrømmen, Otnes, Øvre Rendalen, pour traverser le mont Fonnås en direction de Tylldalen, puis de là vers Tynset, et Tolga, Os et Dalsbygda avant que la route ne se mette à monter le versant du mont Forollhogna, où nous traversons la frontière du comté du Sør-Trøndelag à une altitude de 1100 mètres.

Du Forollhogna, nous descendons vers la Storbudal puis continuons vers Singsås. Après avoir passé Seviltjønnvollen et le lac Samsjøen, nous traversons St. Olavsknippen, dont l'eau qui jaillit d'une source attribuée à saint Olav est réputée pour ses grandes vertus. Notre promenade se poursuit le long de Fremo et Kjørkflå vers la montagne Vassfjellet, à côté de Øyvindtjønna et descendons vers Heimdal et l'église de Tiller (juste en dehors de Trondheim). De là, le chemin suit les méandres de la rivière Nid vers la destination finale. La route de l'Østerdal a été inaugurée par l'évêque de Hamar lors de l'été 2000.

Nordveien (la route de pèlerinage du Nord)

Le chemin de Grong à Stiklestad est appelé route de pèlerinage du Nord. Il démarre à Gløshaugen, où était située l'ancienne église de Grong. Gløshaugen est également situé en bordure de la route intérieure qui rejoignait le Nord et le Sud de la Norvège au Moyen Âge. À partir de l'Ytre Namdal vers le Nord, le chemin côtier était la « principale voie publique » jusqu'au milieu du siècle dernier. Cette route de pèlerinage, qui commence dans la Namdalen, traverse Snåsaheia vers l'église Vinje. De là, elle passe par l'Imsdalen et Olskjelda. La route de pèlerinage du Nord suit ensuite un très ancien chemin qui traverse les montagnes en direction de Stiklestad puis continue le long de la Olavsveien (la route d'Olav) jusqu'à Nidaros.

Sur la route de pèlerinage de l'Østerdal. Photo Aslaug Sikveland Haugen

Le pèlerin errant

Ce n'est que peu après la mort au combat du roi saint, Olav Haraldsson, à Stiklestad en 1030 que Nidaros devint une destination populaire pour tous ceux qui, en se rendant auprès de son tombeau, cherchaient à sauver leur âme. Olav devint ainsi le saint patron de la Norvège et sa réputation rayonna bien au-delà des frontières de son pays.

Le long des chemins et des vestiges de routes, à travers des contrées sauvages et par-delà les hautes montagnes, des gens progressaient vers l'église du Christ à Nidaros pour venir vénérer la châsse d'Olav. Nombreux sont ceux qui, ainsi, éprouvèrent le besoin de se rendre auprès de son tombeau et les pèlerinages se poursuivirent jusqu'en 1537, date de la Réforme, et peut-être plus tard encore.

Il nous est impossible, aujourd'hui, d'identifier avec certitude les chemins qu'empruntaient les pèlerins médiévaux. Les pistes qu'ils suivaient étaient les voies publiques de l'époque. La route commune – la « route du peuple » – sillonnait les flancs des premières vallées habitées.

La route servait à voyager à pied et à cheval. Résolue à atteindre sa destination, elle montait et descendait des pentes abruptes, négligeant de contourner les marais et autres obstacles.

En terrain vallonné, la circulation, les intempéries et les précipitations faisaient s'écouler la terre et la boue, laissant un sillon bien distinct creusé dans le sol. En terrain marécageux, la route pouvait être pavée de rondins, appelés *kavlebru* – pont de bois.

Les pèlerins voyageaient habituellement en groupes. Le trajet d'une journée pouvait atteindre jusqu'à 30 kilomètres pour les courageux qui arrivaient à maintenir ce rythme. Tous les 8 à 10 kilomètres, on trouvait des espaces de repos proposant des pâturages pour les chevaux. Ces pâturages étaient appelés « les champs d'Olav ». Auberges et hébergements se succédaient le long du chemin. Les plus anciens lieux d'accueil étaient de modestes *sælehus* – des maisons de repos – où les voyageurs devaient préparer leur repas. La tradition parle également de croix de chemins, de chapelles de pèlerins et de puits sacrés disséminés le long de la route.

Au fil des siècles, les anciennes routes furent remplacées par de nouvelles, la terre fut pavée et l'herbe envahit les sentiers. En faisant resurgir les routes du passé, il fut nécessaire de prendre en compte les changements survenus, mais le *paysage* que traversèrent les pèlerins reste, lui, en grande partie inchangé.

Les chemins de pèlerinage actuels donnent aux marcheurs d'aujourd'hui une idée de ce que les pèlerins du Moyen Âge vivaient en route pour Nidaros. Le parcours suit d'anciennes routes

Pèlerin, d'après une miniature datant du XIVe siècle par Urd von Hentig.

documentées lorsqu'elles peuvent être empruntées. Le long des chemins les noms des sites et les monuments historiques sont liés à la vie et au travail de saint Olav.

Vous y verrez également des tertres funéraires et des vestiges d'habitations datant de l'époque pré-chrétienne. Après la fin des pèlerinages, de nouveaux monuments historiques sont apparus qui intéresseront également le promeneur moderne. Le Guide du Pèlerin de Trondheim décrit plusieurs de ces monuments historiques qui sont indiqués sur les cartes. La randonnée embrassera donc plusieurs milliers d'années d'histoire.

L'itinéraire des pèlerins d'aujourd'hui est balisé par des panneaux indicateurs portant le logo des routes du pèlerinage. Ils ont été placés aux endroits où le chemin change de direction et sur les sites mentionnés dans ce guide. Les panneaux présentent en outre des explications sur les monuments médiévaux et les traditions du pèlerinage. Entre ces panneaux, des balisages plus discrets vous indiqueront que vous êtes sur la bonne voie. La plupart des communes ont également érigé des bornes indiquant la distance restante jusqu'à Trondheim et la cathédrale de Nidaros, la destination finale du pèlerinage. Nous espérons que le voyage sur ces routes de pèlerinage, ou sur une section du pèlerinage, sera instructif et enrichissant et vous souhaitons bon voyage.

Ces panneaux indiquent la voie à suivre.

Pax et bonum

Le roi saint

Lars Roar Langslet

La destination la plus courante des pèlerinages dans les pays nordiques était sans nul doute le tombeau de saint Olav situé dans la cathédrale de Nidaros. Le roi saint norvégien conserva son statut de « saint patron » pendant toute la durée du Moyen Âge et fut honoré avec autant de dévotion dans les pays voisins que dans le sien.

Cependant, sa réputation se répandit bien plus loin encore : le roi Olav fut canonisé en août 1031 et son culte se propagea comme une traînée de poudre à travers les pays nordiques, les îles britanniques et les villes hanséatiques de la mer Baltique, trouvant des adeptes aux Pays-Bas et

Le maître-autel d'Olav datant du XIVe siècle. Le motif représente en haut à gauche le rêve d'Olav avant la bataille de Stiklestad. En bas à gauche, Olav paie des messes à un prêtre pour le salut des âmes de ses ennemis qui vont mourir sur le champ de bataille. La partie en bas à droite montre la mort d'Olav pendant la bataille de Stiklestad, le 29 juillet 1030. Dans le coin en haut à droite, Olav est canonisé et enterré le 3 août 1031. Photo Nidaros Domkirkes Restaureringsarbeider

Selon la croyance populaire, cette sculpture de saint Olav tenant sa hache d'argent, conservée dans l'église Olav à Albo, Skåne, faisait des miracles.

en Normandie et même jusqu'en Espagne, en Russie et à Constantinople. La plus ancienne image d'Olav fut peinte sur une colonne de l'église de la Nativité à Bethléem.

Qui était donc saint Olav ?

Né en 995, Olav Haraldsson est un descendant d'Harald Hårfager (Harald aux Beaux Cheveux). Il grandit à Ringerike dans le Sud-Est de la Norvège avant d'embarquer, encore adolescent, comme viking et de servir comme officier auprès de nobles en Angleterre et en Normandie. Il fut baptisé à Rouen, où il avait dû découvrir le mouvement religieux des Bénédictins. Peu après, en 1015, il quitta l'Angleterre pour revendiquer le trône royal de Norvège. Dans son navire, il ramena avec lui quelques évêques anglais, ce qui laisse suggérer que, dès cette époque, il avait pour vocation d'évangéliser la Norvège.

Assurément intelligent, Olav était un homme aux intentions sincères. Il avait le don de la poésie et possédait de grandes qualités de politique et de fin stratège.

Au début, tout se déroula comme il le souhaitait. Il devint le premier roi à exercer son autorité avec efficacité sur l'ensemble du pays. Il établit un réseau administratif et un système juridique qui lui permirent de maintenir l'unité du pays. Il partait pour de longues missions évangéliques dans les parties de la Norvège qui n'étaient pas encore christianisées, notamment dans les régions intérieures et le Nord. Il créa le fondement permanent de la foi chrétienne en édifiant des églises et en ordonnant des prêtres selon les exigences nationales. Il introduisit également des systèmes législatifs régissant à la fois l'État et l'Église (la loi chrétienne) qui allaient marquer un jalon dans le développement du système législatif. Les idéaux d'une société patriarcale devaient progressivement faire place à la croyance en la valeur intrinsèque de l'individu, la prédominance de la pitié et le devoir de protection vis-à-vis des faibles.

Toutefois, il réussit moins brillamment à créer des liens de loyauté et d'amitié avec les chefs de clans qui se sentaient menacés par l'autorité grandissante du roi. C'était l'âge d'or de la domination danoise, qui s'étendait alors jusqu'en Angleterre grâce au puissant roi danois Canute. Celui-ci caressait également le souhait de reconquérir la Norvège. Achetant la fidélité des chefs de clans norvégiens, il sut également exciter chez les fermiers du centre du pays, du comté de Trøndelag et du Nord, le mécontentement qui couvait contre « la sévérité » d'Olav. La résistance contre Olav ne s'éleva sans doute pas parce qu'il était plus cruel que d'autres, mais plutôt parce qu'il insistait pour conserver le pouvoir. Les gens croyaient qu'un roi distant comme Canute exercerait son autorité avec moins d'énergie, ce qui permettrait de revenir à la situation plus laxiste qui régnait auparavant.

Le pouvoir du roi Olav s'amoindrit et il fut forcé de fuir. La dernière année de sa vie, il la passa avec son beau-frère le grand-duc Jaroslav à Kiev. Cette ville était déjà devenue un centre spirituel en Europe de l'Est, où théologie et philosophie, monastères et arts florissaient.

En 1030, il reprit le chemin de son pays pour essayer de reconquérir son pouvoir. La bataille décisive se déroula le 29 juillet à Stiklestad. Mais, dépassé par le nombre et la puissance de ses assaillants, le roi périt. Son corps fut enlevé et enterré dans un banc de sable, à l'endroit où se dresse actuellement la cathédrale de Nidaros.

Cependant, des miracles ne tardèrent pas à se produire. Une éclipse de soleil fut immédiatement associée à la bataille et considérée comme annonciatrice du courroux du Ciel, signifiant par là que Stiklestad était dans l'ombre du Golgotha, « obscurité totale au beau milieu de la journée ». Des rumeurs se propagèrent sur les guérisons miraculeuses dues au roi. L'une d'entre elles concernait l'un des hommes qui avaient assassiné le monarque, Tore Hund, dont la main blessée guérit après qu'une goutte du sang du roi y fut tombée. Il aurait ensuite renoncé à tout et aurait réalisé un pèlerinage d'expiation à Jérusalem.

La dépouille du roi fut exhumée plus d'un an après sa mort et l'évêque, soutenu par la population, le canonisa. C'est à l'Église locale qu'il revenait alors de réaliser cette tâche, mais la sainteté d'Olav fut malgré tout entièrement approuvée par le pape à Rome.

Olav fut promu martyr. Sa mort, placée sous le signe de la croix, fut considérée comme une preuve indiscutable que Dieu avait fait de lui son instrument. Sa sanctification ne venait donc pas confirmer un acte exemplaire après une vie exceptionnellement pieuse. En outre, il fut déclaré « apôtre de Norvège », car il avait mené à bien le long et difficile processus de christianisation de la Norvège.

Cette association de martyr et d'apôtre est unique et c'est peut-être la raison principale qui explique pourquoi le culte d'Olav devint si fort et se propagea autant.

La bataille de Stiklestad devait apparaître comme la chute définitive d'un roi amoindri. Mais le sort en

Sculpture d'Olav à Brunlanes dans le comté de Vestfold. Photo Karl Teigen

Motif de pèlerin au-dessus du portail de la cathédrale de Nidaros dédiée à Olav. Réalisé par Nic. Schiøll. Photo par Aune Forlag / Ole P. Rørvik.

décida autrement : les deux principaux objectifs d'Olav, qui avaient été de se battre pour une Norvège unie et chrétienne, triomphèrent par le truchement de sa mort en martyr. On peut dire sans hésiter que la mort d'aucun autre homme n'eut un tel impact dans l'histoire de la Norvège.

Olav devint un saint profondément aimé de son peuple car il touchait plus ou moins tout le monde. Il était le champion des paysans et des marins, le saint patron des marchands ambulants et des habitants des cités, défenseur de la monarchie et protecteur des nécessiteux. Il était un héros à l'ancienne, un pieux chevalier tout droit sorti de l'imagerie des histoires de chevalerie.

Les légendes qui entouraient le roi saint furent l'occasion d'événements passionnants et hauts en couleur qui semblaient plus nombreux à mesure que les générations se succédaient. Beaucoup de sculptures et de peintures nordiques du Moyen Âge représentant saint Olav nous sont parvenues, certaines comptent même parmi les œuvres les plus raffinées de cette époque. Il existe également une riche tradition de contes et de chansons à son sujet. Témoin de sa popularité, le nom même d'Olav est l'un des plus couramment usités dans tous les pays nordiques et il survit dans la dénomination de certaines fleurs.

Au fil des siècles, saint Olav est resté le symbole national du royaume de Norvège, « le roi éternel du Royaume » (*rex perpetuus*), et « la loi de saint Olav » a la réputation d'être le fondement même de la justice et de l'équité. Les rois firent régulièrement référence à Olav dans leurs décrets et lettres, longtemps après la période de l'union avec la Couronne du Danemark.

Les symboles demeurent : la hache tenue par le lion sur nos armoiries nationales représente l'arme du martyr saint Olav. Dans l'hymne national, Bjørnstjerne Bjørnson a inclus les faits d'armes du roi Olav qui laissèrent à tout jamais leur empreinte sur la Norvège : « Olav a marqué son pays d'une croix tracée avec son sang ».

Stiklestad: un tournant

La bataille de Stiklestad, qui se déroula le 29 juillet 1030, représente un tournant dans l'histoire norvégienne – elle symbolise la transition entre des communautés scandinaves menées par des chefs de clans païens et l'époque où la Couronne et le christianisme firent de la Norvège une seule et unique nation. L'Église et l'autorité royale jouèrent un rôle décisif dans la création de la nation au cœur de la Norvège médiévale et c'est précisément cela qui donne à Stiklestad sa valeur symbolique pour l'État norvégien, la monarchie et l'Église norvégienne.

Centre bouillonnant d'activité d'un bout à l'autre de l'année, Stiklestad vit avec, en toiles de fond historiques, la bataille et saint Olav, le roi qui devint un saint. Pendant le « *Olsokdagene* » (le festival de saint Olav) qui se déroule à la fin juillet, plus de 50 000 visiteurs affluent pour assister au « *Spelet om Heilag Olav* » (le drame de saint Olav), participer à des expositions, des présentations, des concerts ou des représentations de théâtre ambulant et profiter de la vie culturelle animée. En 2008, *Stiklastadir*, une ferme médiévale de Stiklestad, est en cours de construction. Là, les visiteurs pourront découvrir la vérité historique et écouter des contes sur le roi Olav Haraldsson, la bataille

L'église de Stiklestad (datant de 1180) et une borne indiquant la route du pèlerinage au premier plan. Photo Per Steinar Raaen © Stiklestad Nasjonale Kultursenter

Le drame de saint Olav. Photo Leif Arne Holme © Stiklestad Nasjonale Kultursenter

de Stiklestad et les pèlerins qui voyagèrent si loin de chez eux pour purifier leur âme sur le lieu de sa mort.

Le drame de saint Olav

La pièce, présentée sur une scène extérieure à Stiklestad, est la plus importante dans les pays nordiques et la plus ancienne représentation en extérieur en Norvège. L'action se déroule dans la ferme de Suul à l'époque où Olav Haraldsson revient de Suède en juillet 1030 par les montagnes pour réclamer le trône et diriger la Norvège. Diverses scènes montrent les préparations de la bataille qui menace.

Pèlerins à Stiklestad

Stiklestad peut être comparée à Finisterre en Espagne, la destination finale du pèlerinage de Saint-Jacques-de-Compostelle. En effet, Stiklestad est une destination de pèlerinage, aux côtés de Nidaros, en Norvège. Stiklestad accueille ses visiteurs tout au long de l'année, mais vous en profiterez sans doute mieux pendant le festival de saint Olav. Les pèlerinages de Stiklestad sont décrits à l'adresse : www.pilegrim.info.

Par mer et par terre

Arnulf Selnes

Au Moyen Âge, les pèlerins voyageaient en masse sur les routes qui menaient à Nidaros (l'ancien nom de Trondheim). Certains se rendaient près du tombeau de saint Olav dans l'espoir d'y guérir leurs affections physiques, d'autres pour obtenir le salut de leur âme. Certains espéraient faire pénitence pour leurs mauvaises actions et d'autres étaient peut-être incités par l'envie de voir du paysage ou par l'espoir de faire quelque aventure en chemin. Tous ensemble, ils pouvaient être quelques milliers chaque année, un nombre conséquent en ces temps lointains où Nidaros ne comptait que deux ou trois mille habitants. La plupart des pèlerins suivaient probablement la route principale qui, du Sud, traversait le plateau de Dovre jusqu'à la vallée d'Orkla vers Svorkmo, avant de poursuivre au travers des collines vers Skaun, à 35 kilomètres de Nidaros.

Les voyageurs expérimentés considéraient 35 kilomètres comme un parcours d'une journée entière, qu'ils divisaient en quatre étapes d'environ neuf kilomètres, appelées chacune *rost*. Ces étapes se ponctuaient par un lieu où se reposer et faire paître les chevaux. Les pèlerins et autres voyageurs plus lents parvenaient à peine à marcher plus de deux *rosts* par jour, ce que l'on appelait alors des trajets « courts ». C'est pourquoi ils étaient presque sûrs de trouver une auberge tous les deux *rosts*, tout au moins sur la principale voie publique.

À partir de Skaun, la route dépassait Buvika et Halsbrekka en direction d'Øysand. Dès que le bac accostait dans l'embouchure de la rivière Gaula, elle poursuivait son chemin à travers Gaularåsen, aujourd'hui appelée Byåsen, vers Nidaros. Le dernier jour de voyage avant d'atteindre leur destination, les pèlerins aimaient se donner du temps et ne parcouraient sans doute qu'un seul *rost*. Ils s'assuraient ainsi de bénéficier de suffisamment de repos à Feginsbrekka, la Colline de la Joie, où ils embrassaient pour la première fois un aperçu de leur destination finale. Des points d'observation similaires (*mons gaudii*

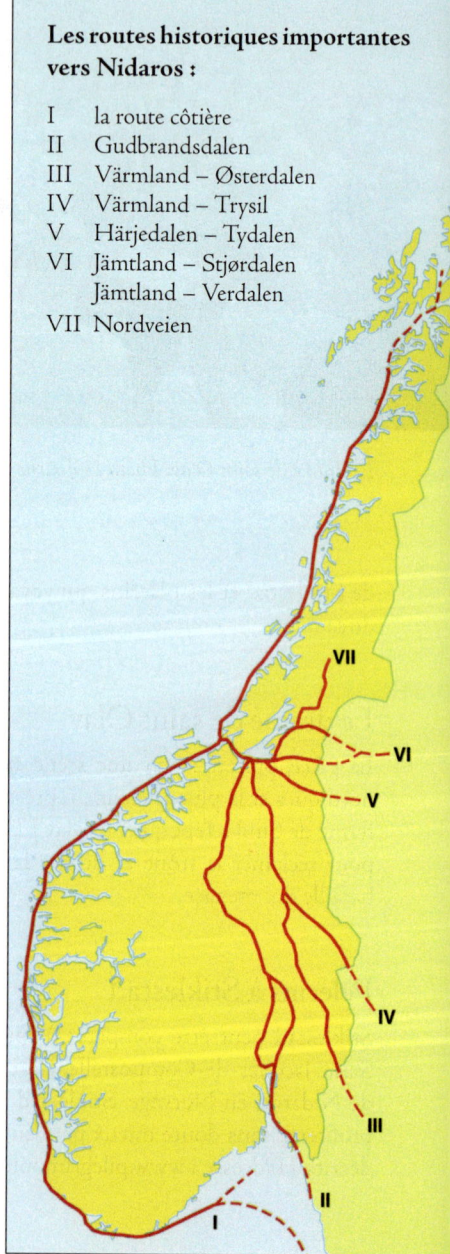

Les routes historiques importantes vers Nidaros :

I   la route côtière
II   Gudbrandsdalen
III   Värmland – Østerdalen
IV   Värmland – Trysil
V   Härjedalen – Tydalen
VI   Jämtland – Stjørdalen
      Jämtland – Verdalen
VII   Nordveien

en latin) étaient également présents en dehors de Prague, de Jérusalem et de Saint-Jacques-de-Compostelle (*mont gozo* en galicien). Les deux derniers lieux de repos avant Nidaros, sans doute des auberges ou des abris, se situaient probablement dès l'arrivée du bac sur la Gaula et dans la zone de Kystad/Vådan à Byåsen.

Certaines routes provenaient des « Østerdalene » – les vallées de l'Est. Elles convenaient sans doute mieux aux pèlerins souhaitant errer à travers la nature sauvage lors d'épreuves solitaires, le cœur s'élevant plus près des cieux au milieu des montagnes. Les étapes finales de leur voyage leur faisaient traverser la montagne Vassfjellet. Là haut, près de Evenstjønna (un petit lac) aux eaux saintes et la chapelle de saint Even, la vue s'ouvrait sur Nidaros, au loin côté nord. Le chemin menait à Rosten, indiquant un *rost* en passant par Byåsen plus au nord. Beaucoup de pèlerins venaient de Suède et des pays plus à l'est. Le chemin le plus sacré qu'ils choisissaient était sans doute le chemin de St. Olav, un chemin que le roi saint lui-même avait emprunté pour se rendre à Stiklestad, traversant ainsi le comté de Jämtland et la vallée de Verdalen. De là, la route mène à Nidaros via Lånke.

Les liens qui unissaient les pays de la mer du Nord par voie navigable étaient forts. Ainsi, certains pèlerins venaient par bateau jusqu'à Nidaros, depuis l'Irlande et l'Angleterre, l'île de Man et l'Écosse, et depuis les vastes étendues du *Norgesveldet*, le domaine norvégien qui incluait les îles de *Vesterhavet* (la mer du Nord), les îles Féroé, l'Islande et le Groenland.

Aux alentours de 1075, l'érudit Adam de Brême écrivait :

Saint Michel terrassant le dragon. Découvert à Vassfjellet. Photo du Muséum de Sciences, Trondheim

« La capitale des Norvégiens est *civitas Trondemnis*, la cité de Trondheim, qui est ornée d'églises et visitée par moult gens. Dans cette cité repose le corps du très saint roi et martyr Olav. Sur sa tombe, le Seigneur réalise encore aujourd'hui de merveilleux miracles, si bien que nombreux sont ceux qui affluent ici *a longinquis regionibus*, depuis des terres lointaines, dans l'espoir d'être aidés par la bonne action de ce saint martyr. Depuis Ålborg ou Vendsyssel au Danemark, où ils embarquent, le voyage par mer jusqu'à Vik, une ville en Norvège (située probablement à l'emplacement de Tønsberg aujourd'hui) ne prend qu'une journée. De là, le voyage continue le long de la côte occidentale de la Norvège, se clôturant le cinquième jour à *Trondemnis* même. Il existe aussi une autre route, depuis la province danoise de Skåne, à travers tout le pays et jusqu'à *Trondemnis*, mais le voyage ne progresse pas vite dans les montagnes et les voyageurs hésitent à prendre cette route car elle regorge de dangers. »

Le voyage depuis le fjord d'Oslo jusqu'à Nidaros prenait sans doute un mois plutôt que cinq jours. Les longs voyages par mer étaient également exigeants et imprévisibles, avec de longues attentes dans l'espoir de vents favorables. Les trajets par mer étaient donc destinés au fret plutôt qu'aux voyageurs. Pour se rendre loin, les gens utilisaient souvent la route, lorsque c'était possible, si bien qu'il y avait une forte fréquentation sur ces voies. Même les personnalités royales empruntaient la route, au moins pour leurs pèlerinages, et plus encore pour faire pénitence.

Carte du pèlerinage de Trondheim

Au Moyen Âge, il y avait des églises à Byneset, Bratsberg, Klæbu, Leinstrand et Tiller. Voici les églises telles que nous pouvons les voir aujourd'hui. Les églises médiévales dans la ville même sont décrites avec la maquette de la ville en page 39.

Dessins : Børge Engberg

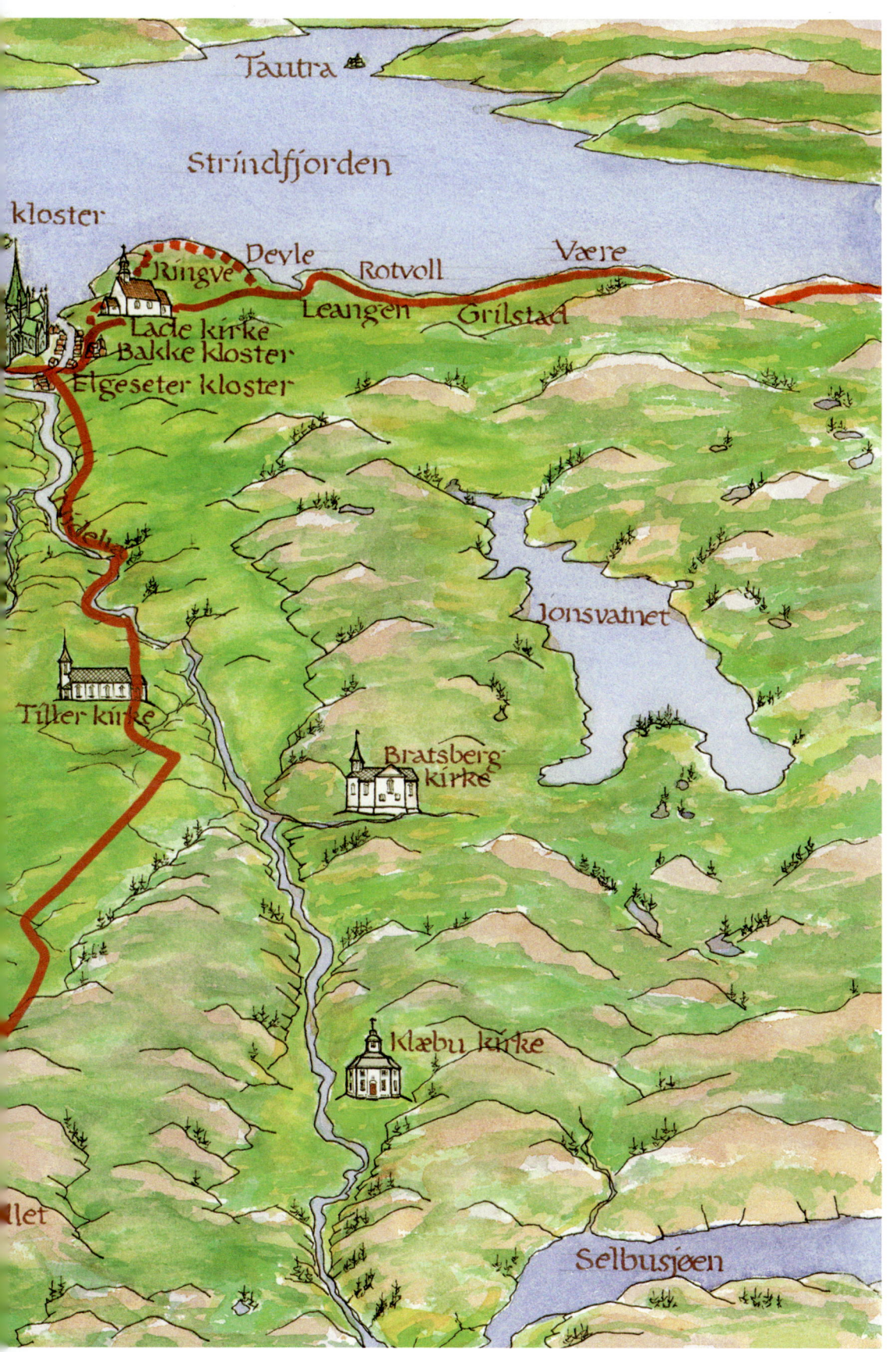

Sur le chemin du pèlerinage : de Sundet à Nidaros

Arnulf Selnes

La distance entre Sundet et la cathédrale de Nidaros est d'environ 20 kilomètres. On arrive à Sundet en suivant la route nationale 707 sur près de quatre kilomètres depuis Klett en direction de Byneset.

Kastberga (la colline où l'on lançait bâtons et cailloux pour annoncer son passage) près de Hestsjøen se situe sur la route de pèlerinage de Sundet via Skjefstad, ou sur la route de Ringvål

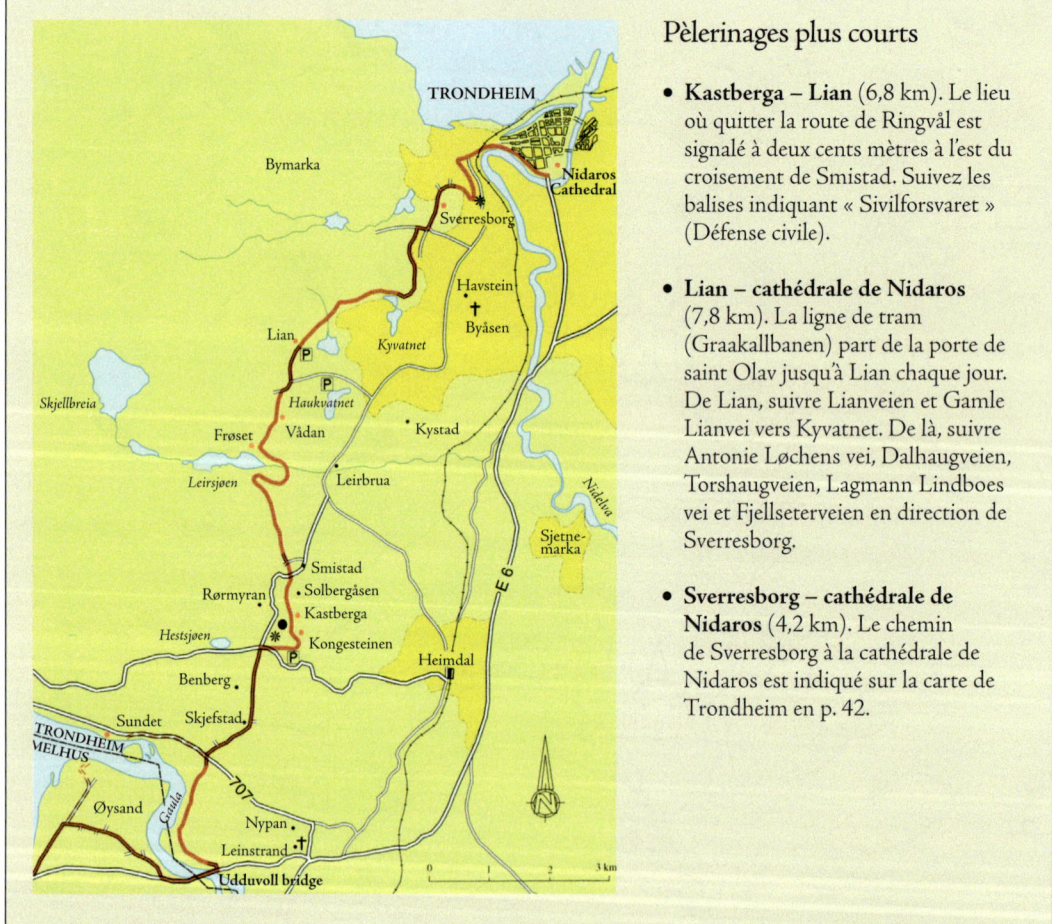

Pèlerinages plus courts

- **Kastberga – Lian** (6,8 km). Le lieu où quitter la route de Ringvål est signalé à deux cents mètres à l'est du croisement de Smistad. Suivez les balises indiquant « Sivilforsvaret » (Défense civile).

- **Lian – cathédrale de Nidaros** (7,8 km). La ligne de tram (Graakallbanen) part de la porte de saint Olav jusqu'à Lian chaque jour. De Lian, suivre Lianveien et Gamle Lianvei vers Kyvatnet. De là, suivre Antonie Løchens vei, Dalhaugveien, Torshaugveien, Lagmann Lindboes vei et Fjellseterveien en direction de Sverresborg.

- **Sverresborg – cathédrale de Nidaros** (4,2 km). Le chemin de Sverresborg à la cathédrale de Nidaros est indiqué sur la carte de Trondheim en p. 42.

depuis Heimdal, ou la route de Smistad depuis Leirbrua à Byåsen. L'endroit où quitter la route de Ringvål est indiqué par un panneau, à deux cents mètres du carrefour de Fjøsvollan avec la route de Smistad.

Sundet

Aux environ de 1700, la route principale qui venait du Sud a été détournée de l'Orkladalen (vallée de l'Orkla) vers la Gauldalen (vallée de la Gaula). Toutefois, la route qui passait par Skaun a continué à être la voie royale depuis l'Ouest de la Norvège. Jusqu'en 1859, Sundet, situé à l'embouchure de la Gaula, était un nœud commercial doté d'un quai pour les bateaux et les ferries, d'une auberge et d'un marché.

De Sundet jusqu'aux collines en passant par Skjefstad, le chemin suit la route que le maître des ponts et chaussées, le général Krogh, commença à faire construire en 1788.

Des traces du chemin pour cavaliers d'origine proviennent également de la zone au sud de Skjefstad. Le nom de cette ferme peut provenir de *skipstad* – littéralement la ville du navire – et peut être une allusion à un ancien quai de débarquement, peut-être détruit par un glissement de terrain.

Kongesteinen – La Pierre du roi

Aux environ de 1700, la voie publique menait à travers la Gauldalen et rejoignait l'ancienne piste au pied de Kastberga. Le carrefour devint le lieu d'un marché animé. À la même époque, la route fut réaménagée afin de pouvoir y faire circuler des voitures à cheval. Des éléments de l'ancien chemin des cavaliers sont visibles le long de la chaussée dès que l'on commence à marcher le long de la *Kastveien*. La circulation, les intempéries et les pluies ont érodé la route, la transformant en une sorte de sillon creux. L'étroite forme en V témoigne de son utilisation par les cavaliers. Juste un peu plus loin, sur la chaussée, la pierre lisse du roi s'élève à deux mètres du sol au milieu de la voie. Selon les traditions anciennes, la Pierre du roi était ornée chaque année de rameaux de genévrier et d'épicéa le 23 juin, jour du

Le passeur. Personnage sculpté dans le bois. De la ferme Sundet. Photo Ola Storhaugen

Le ferry débarquant à Sundet. Photo Ola Storhaugen

Route creusée près de Kastberga. Photo Bjørn Sæther

festival du solstice d'été. La légende raconte que trois rois sont enterrés sous cette « pierre », qui sert probablement de socle à la tombe.

Kastberga

Depuis Kastberga, on peut voir, au sud-est, Rørmyra, Øyberget et Halsbrekka. Plein sud, s'étire la vallée de Gauldalen. Derrière nous, sur la *Kastveien*, se trouve la ferme abandonnée de Kastet. Le nom de cette ferme révèle une croyance pré-chrétienne dans les trolls, gobelins et autres pouvoirs surnaturels, une superstition fortement implantée au Moyen Âge et qui se prolongea jusqu'au milieu du XVIIIe siècle. Lorsque l'on rencontrait des tronçons de chemin difficiles, il fallait avertir les gobelins à l'aide d'un bâton ou d'un caillou – d'où le nom de *Kastberga*, qui signifie littéralement jeter des pierres – car un irascible lutin qui, surpris, n'aurait pu s'enfuir à temps pouvait faire se cabrer ou chuter un cheval. Les pèlerins parcouraient ce chemin à pied ou à cheval. Et en effet, le roi Christian V l'emprunta lors de sa visite royale en 1685. En chemin, on peut voir les endroits où les graviers et les pavés ont été prélevés pour bâtir la route. La *Kastveien* était la route principale allant du Sud à Trondheim jusqu'en 1772 et resta une voie publique reliant la partie occidentale de la Norvège jusqu'en 1788. Le dernier tronçon de route jusqu'à Smistad suit une section abandonnée de la route de Krogh qui remplaça la *Kastveien* en 1788.

Vers le lac de Leirsjøen

Depuis Smistad, les pèlerins se rendaient probablement à Nidaros en passant par Kystad, mais le trajet actuel suit une autre ancienne route près de Leirsjøen puis Vestmarka. Avant la construction de la digue de Leirsjøen en 1800, la route traversait l'ancien gué où la rivière se jetait dans le lac, juste au-dessus de l'îlot dans le lac.

Frøset

L'ancienne ferme de Frøset près de Leirsjøen est aujourd'hui abandonnée, mais les bâtiments sont en cours de rénovation. On a suggéré qu'à l'époque pré-chrétienne, Frøset pouvait avoir été un lieu de culte en l'honneur de Frøy, le dieu

Les sections humides de la route pouvaient être pavées à l'aide de rondins. Dessin : Aud Beverfjord

Sverresborg à l'époque du roi Sverre, d'après la reconstruction dessinée par Gerhard Fischer, architecte

norvégien de la fertilité. Ces lieux dédiés à Frøy sont généralement situés le long de sections abandonnées d'ancienne route.

Vådan

Vådan (le nom dérive du vieux norrois *viðr*, qui signifie bois) était un carrefour à l'époque préchrétienne. Une route transversale venant de Skaun traversait le fjord de Børsa à Steinshylla près de l'église de Byneset et continuait par Bergskaret aux bords du lac Skjelbreia via Vådan vers Kystad. Le long de la route de Vådan à Kystad, on peut voir quelques tertres funéraires de l'âge de fer. Depuis Vådan, un chemin pour cavaliers traversait Solem et Lian en direction de Vestmarka, en suivant grosso modo l'actuelle *Gamle Lianvei* (la vieille route de Lian) et ce jusqu'en 1846. Nous la suivrons.

Bornes en pierre

À l'époque où la Norvège était sous domination danoise, les membres de la famille royale et les nobles étaient reçus par les notaires et les dignitaires près de la borne en pierre de Dalhaug. Cette pierre indiquait la limite fiscale de la ville, ainsi que la limite avec l'ancienne municipalité de Strinda, au sud et à l'ouest de la ville, et celle de Bymarka. Malheureusement, la pierre disparut dans les années 1950. Sur le reste de la distance jusqu'à Sverresborg (le château fort de Sverre), c'est la route qui formait la limite entre Bymarka et Strinda. La totalité de la zone qui s'étend de la rivière Nidelven jusque là appartenait aux fermes de Strinda appelées Havstein et Stavne. Dans le jardin du numéro 5 de la *Torshaugveien*, la borne en pierre datant de 1788, au nom de Catharina Meincke Lysholm, agent de la Cour royale, indique aujourd'hui encore la frontière entre sa propriété Havstein et la ferme voisine de Stavne Øvre. Hormis quelques fermes, il n'y avait pas de maison avant 1800 et la zone était très boisée au Moyen Âge. Torshaug, à Bymarka, était la laiterie d'alpage de Kystad.

Sverresborg (le château de Sverre)

Encerclé par une muraille au sommet du Steinberget, Sverresborg est la citadelle que le roi Sverre fit édifier en 1182. Les pierres qui servirent à la construction avaient été prélevées dans la carrière sous le Marienberg, près de la route à Nidarli. Le roi Sverre l'avait baptisée Mont Sion. Ayant fait des études pour devenir prêtre, il savait parfaitement que Jérusalem, la Sion de la Bible, était gardée contre l'Occident et contre le Jour du Jugement dernier par le Mont Sion. Sverre connaissait également les liens entre les légendes d'Olav et le Livre des Psaumes, 48, 2–3 : « L'Éternel est grand, il est l'objet de toutes les louanges, dans la ville de notre Dieu, sur sa montagne sainte. Belle est la colline, joie de toute la terre, la montagne de Sion ; Le côté septentrional, c'est la ville du grand roi. »

Tavern

C'est au Sverresborg que l'on trouve le *Trøndelag Folkemuseum*. Avec ses vieilles maisons et ses collections, ce musée vaut assurément une visite. Situé dans l'allée du Sverresborg, l'auberge appelée *Tavern* qui se trouvait sur les docks à Brattøra (dans la ville de Trondheim) a été déplacée ici en 1950. Aux XVIIIe et XIXe siècles, *Tavern* était l'auberge des passeurs près de l'embouchure de la Nidelven. Cette taverne reste un lieu agréable où prendre un rafraîchissement, comme le faisaient les pèlerins et autres voyageurs médiévaux dans les *tafernishús* – tavernes – de l'époque.

La place d'Adrien où est située Olavskilden dans le talus de terre, derrière la fontaine
Dessin : Kari Støren Binns

Feginsbrekka

De Sverresborg, la route émergeait sur le flanc de la colline de Nidarli. Le site Feginsbrekka – la Colline de la Joie – se situe probablement près de l'actuelle route de Sverdrups. C'est là que les pèlerins s'arrêtaient pour embrasser la vue qui s'offrait à eux, tomber à genoux pour prier et louer le Seigneur. Un panorama magnifique englobait la ville et l'église du Christ. Dans le livre de Sigrid Undset *La maîtresse de Husaby*, Kristin Lavransdatter raconte sa découverte de Nidaros : « Kristin se tenait sur Feginsbrekka et vit la ville qui s'étendait à ses pieds dans la lumière dorée. Derrière les larges méandres scintillants de la rivière, se dressaient des maisons brunes aux toits de gazon vert, de sombres dômes de feuillage dans les jardins, des maisons de pierre aux teintes claires dotées de pignons pointus, des églises qui vomissaient des dos bruns de bardeaux et des églises aux toits de plomb qui brillait d'un air morne. Mais au-dessus de la terre verte, au-dessus de la ville respectable s'élevait l'église du Christ, si puissante, si radieusement étincelante, comme si toutes les autres choses se tenaient prostrées à ses pieds. »

Nous ne savons pas avec précision où se trouvait Feginsbrekka, mais on peut embrasser une vue similaire de la ville actuelle de Trondheim en faisant un petit détour par *Utsikten* (qui signifie la vue).

Ilevollene, Hospitalet et Kalvskinnet

Au pied de Feginsbrekka et ses pentes tapissées de bois luxuriants, se trouvent les *Ilevollene* (champs Ile) dénudés, sans doute des pâturages plus connus pour avoir été le terrain d'une bataille où le roi Sverre et le roi Magnus Erlingsson croisèrent le fer en 1182. L'accès à la ville par l'isthme de Nidareid était contrôlé par une fortification faite de palissades en bois et d'un fossé, construite par l'archevêque Øystein Erlendsson pendant l'été 1177-78. À quelque distance de la ville, se trouvait l'hôpital, le « Spital », dans les *Vollene* (les champs). C'est là que l'on prenait soin des pauvres et des malades, mais il servait également à héberger voyageurs et pèlerins. La ville médiévale commençait à Munkegata. À côté de la ville, s'étendait le « champ », appelé plus tard *Kalvskinnet* (la peau de veau). Le nom proviendrait du fait que le métayer qui travaillait le champ devait payer une peau de veau à son propriétaire en échange de l'utilisation de la terre.

Olavskilden (la source d'Olav)

À Marinen, près du pont d'Elgeseter, se trouve la place *Hadrians plass*, nommée d'après le pape Adrien IV (1154–59), mieux connu sous le nom de cardinal Nicolaus Brekespeare. En 1152-1153, ce représentant du pape établit l'archevêché de Nidaros. *Olavskilden*, la source d'Olav, se situe sur la place d'Adrien, cachée sous un haut remblai de terre. Cependant, *Olavsbrønnen*, le puits d'Olav, se trouve au cœur même de la cathédrale de Nidaros. La légende raconte que le maître-autel de l'église du Christ repose au lieu même sur la rive où fut enterré le corps d'Olav. D'autres prétendent que le lieu de sa sépulture côtoie le puits d'Olav qui est presque oublié.

Sur le chemin du pèlerinage : de Saksvikkorsen à Nidaros

Aud Beverfjord

La route de pèlerinage du Nord serpente entre Skalstugan, dans le comté de Jämtland, et Nidaros (ancien nom de Trondheim) en passant par Sul et Stiklestad. La majeure partie des pèlerins venant du nord et de l'est passaient par Stiklestad, où périt Olav Haraldsson. À partir de la Verdal, la route passait par Levanger et Stjørdal en direction de Malvik. Au lac de Foldsjøen à Mostadmark dans la commune de Malvik, on raconte qu'une chapelle fréquentée par les pèlerins était présente dès l'époque médiévale. Certaines sources suggèrent que la route entre Mostadmark et Trondheim passait par Jonsvatnet et Bratsberg puis entrait en ville par le pont d'Elgeseter. Cependant, au lac de Foldsjøen, nous optons pour le *Kjerkstien* – le chemin de l'église – par Bakken à Malvik, qui traverse la frontière entre les communes de Malvik et Trondheim à Saksvikkorsen.

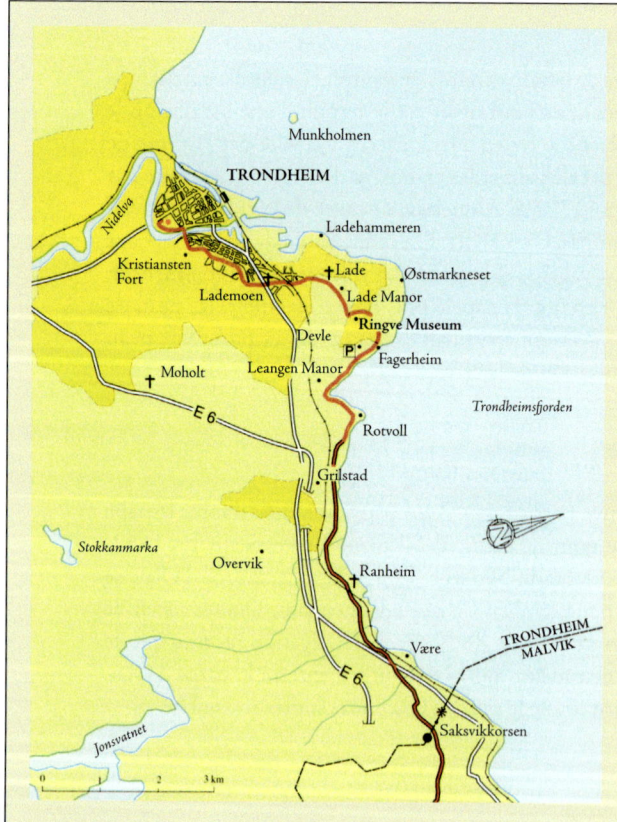

Etapes plus courtes

- **Saksvikkorsen – Ringve Museum** (9,8 km). Le chemin suit Bostadveien et Ranheimsveien vers Nordliveien à Nedre Charlottenlund (juste avant le passage souterrain du chemin de fer). Suivre Nordliveien et Sjøveien en direction de Rotvoll Nedre. De là, la route suit le chemin naturel le long du fjord en direction de Fagerheimsbukta. La carte de Trondheim (page 50) montre comment procéder pour aller au Ringve Museum en passant par Smedstuveien et Olav Engelbrektssons allé.

- **Ringve Museum – cathédrale de Nidaros** (4,6 km, sans le détour). Un détour recommandé consiste à suivre une partie de *Ladestien*, le chemin naturel de Ringvebukta autour de Østmarkneset vers Korsvika. De là, on peut marcher de Korsvik allé jusqu'à l'église de Lade, puis suivre le chemin signalé sur la carte de Trondheim.

Vue de Saksvikkorsen sur le fjord de Trondheim avec la péninsule de Lade à l'arrière-plan. Photo Bjørg Hernes

La section de la route de pèlerinage que nous suivons à partir de là ne reprend pas le chemin médiéval. Toutefois, elle suit un sentier qui offre aux voyageurs modernes un cadre riche en monuments historiques.

Les racines du nom Saksvikkorsen remontent loin. Ce nom fait référence à un personnage historique dans les sagas royales de Snorre, appelé *Saksi á Vík* – Saksi de Vik. La ferme appelée Vik devait être toute proche de l'endroit appelé aujourd'hui Saksvikkorsen, où vous trouverez de nos jours une borne indiquant la distance de la cathédrale de Nidaros à 14 kilomètres. À l'ouest de ce point, on trouve un tumulus datant de l'âge de fer.

Aujourd'hui, le tertre funéraire est en partie dissimulé par les buissons, mais à l'époque de sa construction, au cours du Moyen Âge, il jouissait d'une position stratégique très visible – notamment depuis la mer. En suivant la route de pèlerinage qui mène à Trondheim, nous pouvons faire un arrêt ici pour profiter de la vue sur le fjord de Trondheim et la péninsule de Lade.

Au-dessus de l'ancienne E6 (autoroute européenne n°6), nous dépassons les fermes de Være. Le sentier suit Ranheimsveien vers Charlottenlund, d'abord par Være puis Ranheim. Ces deux fermes portent des noms remontant au début de l'âge de fer. Sur ce parcours, nous trouvons à nouveau des tertres funéraires. En outre, on a découvert, près de la rivière Vik, les fondations d'un pont datant probablement du Moyen Âge.

C'est probablement au cœur de ce paysage qu'était située la ferme appelée *Vik*, au cours de la période plus tardive de l'âge de fer. Les fermes voisines de Nervik et Overvik (bas Vik et haut Vik) en témoignent. Overvik était également appelé *Nygården* (nouvelle ferme). C'était peut-être la ferme Vik d'origine près de la mer qui avait été déplacée jusqu'ici. La rivière Vik, qui coule là, porte le nom de la ferme. La ferme Vik d'origine devait se situer sur la rive ouest de la rivière, celle-ci formant sans doute la limite de la ferme à l'est.

Le manoir de Leangen fut construit en 1820. Aujourd'hui, il sert de représentation officielle aux autorités locales et de centre de formation. Photo Helén Eliassen

À la ferme de Presthus, qui fut détachée de Vik, nous trouvons deux monuments de pierre datant de l'époque pré-chrétienne. Ils s'élevaient probablement près d'un sentier qui séparaient les fermes et menait de Lade à Saksvik, et peut-être plus loin encore à l'est. Gerhard Schøning (1722–80, maître à l'école de la cathédrale et historien) prétendait qu'une église médiévale se dressait là, mais cette affirmation est contestée. À l'époque médiévale, Nedre Vik (bas Vik), Øvre Vik (haut Vik) et Presthus, précédemment appelé « Nedre Vig », étaient tout d'abord la propriété du monastère de Bakke avant d'appartenir plus tard au monastère d'Elgeseter. Dans ce paysage chargé d'histoire, nous découvrons également la ferme de Grilstad, dont le nom ne se retrouve nulle part ailleurs. La première syllabe de ce nom dérive probablement de l'ancien nom de la rivière qui traverse la ferme. Juste à l'est de ces bâtiments, on peut voir un cimetière qui rattache également la ferme à l'âge de fer.

Nous poursuivons notre promenade devant l'école de Ranheim, l'église de Ranheim et continuons en direction de Charlottenlund. À cet endroit, juste avant le passage souterrain du chemin de fer, le sentier change de direction et passe par la zone résidentielle de Nordliveien, que nous suivrons jusqu'à Sjøveien. En suivant Stuttveien, nous tournons ensuite à droite vers la mer, où nous pouvons suivre *Jarlestien*, un sentier construit pour mener à Korsvika en contournant Østmarkneset (le promontoire d'Østmark). Là, vous trouverez sur votre gauche le Sør-Trøndelag University College (faculty of teacher education and deaf studies), abrité dans la ferme Rotvoll. Des fouilles archéologiques ont prouvé que l'agriculture était présente dès l'âge de bronze et le nom même (« Rot » signifiant racine) indique que ce terrain ne comptait pas de souches d'arbres.

En suivant le sentier autour du promontoire à Rotvoll, nous dépassons le centre de recherche Statoil et arrivons à la baie de Leangen, avec le manoir de Leangen qui se dresse à droite sur le terrain en pente. Ce manoir et son jardin à l'anglaise furent construits en 1820–21. Le nom *Leangen* signifie « baie de boue » – et, en effet, le manoir est situé près d'une baie peu profonde remplie de boue. Leksvik et Frosta sont visibles de l'autre côté du fjord. L'île de Tautra, au profil si caractéristique, apparaît également dans le fjord, avec les ruines de son monastère cistercien fondé par des moines du monastère de Lyse près de Bergen en 1207. Ayant perdu son indépendance en 1532, celui-ci fut placé sous la Couronne en 1537.

Église de Lade. La partie la plus ancienne de l'église date probablement des environs de 1180. Photo Carl-Erik Eriksson

Le chemin continue en bord de mer vers Smedstua, puis suit Smedstuveien. Il est possible de suivre Ladestien autour du promontoire d'Østmark, via Korsvika jusqu'à l'église de Lade. Le chemin serpente le long de Smedstuveien au milieu d'une zone résidentielle avant de suivre un peu plus loin Olav Engelbrektssons allé. De cette route, nous tournons à gauche pour entrer dans le jardin botanique de Ringve. Le Musée de Ringve était à l'origine un manoir ayant appartenu à Alderman Jan Wessel, père de Peter Wessel Tordenskjold – le héros naval norvégien. C'est Victoria Backhe, née en Russie, qui est à l'origine de la création du musée de l'histoire de la musique de Ringve dans les années 1950. La grange fut réhabilitée pour créer une salle de concert. Le bâtiment principal renferme une précieuse collection d'instruments de musique anciens.

Résidence de Lade. Un manoir de chef datant de la période des Vikings. Les bâtiments actuels furent construits en 1811. Dessin par Svein T. Rasmussen

Ringve Museum. Le seul musée dédié aux instruments de musique en Norvège. Les bâtiments furent construits pendant la seconde moitié du XIXᵉ siècle. Photo Ringve Museum

De Ringve, nous suivons Ladeallé jusqu'au manoir de Lade. Pendant la période de la saga, Ringve faisait probablement partie de Lade, partageant le même propriétaire jusqu'en 1661. Devle, une autre ferme située au nord-est de Ringve, faisait elle aussi probablement partie de Lade. Son nom dérive du norrois *hlað*, qui signifie « lieu d'entreposage ». C'était peut-être un lieu où l'on entreposait jadis les marchandises qui devaient être expédiées. Snorre relate que Harald Hårfagre (Harald aux Beaux Cheveux) possédait là une grande ferme. C'était probablement une ferme plus ancienne qu'il transforma en résidence royale. Dans les temps reculés, Lade était un lieu de culte pré-chrétien. Olav Tryggvason défia les puissants chefs de clan Trønder en brûlant leur lieu de culte. Nous ne savons pas exactement où celui-ci se trouvait. Saint Olav fit de Lade un terrain de la Couronne qui fut, plus tard, placé sous l'administration du monastère de Bakke. Le splendide manoir que l'on voit aujourd'hui fut édifié par le marchand prospère, Hilmar Meincke, en 1811. Depuis le manoir, une ruelle mène à l'église médiévale de Lade, dont la partie la plus ancienne date du XIIIᵉ siècle.

En continuant notre chemin vers la cathédrale de Nidaros, nous suivons les routes Jarleveien, Ladeveien, Mellomveien, Grundtvigs gate, Lademoen allé et Arne Bugges gate. Cette section porte le nom de Lademoen. Selon Gerhard Schøning, il s'agit là d'une « vaste et belle zone plane ».

Lorsqu'il vit ce paysage, pendant la seconde moitié du XVIIIe siècle, elle était couverte de bruyère et de broussailles, mais avait de toute évidence été cultivée en des périodes plus reculées. Selon Schøning, il y avait également plusieurs « monticules géants », des tertres funéraires faits de sable et de pierre.

Le chemin passe ensuite devant Lademoen Kunstnerverksteder et traverse Innherredsveien. Nous continuons le long de Stadsingeniør Dahls gate en direction de Weidemanns vei, que nous suivons jusqu'à Småbergan (les petits monticules) près de la forteresse de Kristiansten. La forteresse fut bâtie entre 1681 et 1684 selon les plans dressés par le général Johan Caspar de Cicignon. De là, nous pouvons voir Munkholmen – l'île aux moines – dans le fjord. En des temps anciens, c'était le lieu des exécutions et c'est là que la tête de Kark l'esclave fut placée sur un pieu en 995 après qu'il eut tué son maître le comte Håkon, dernier chef de clan païen du Trøndelag. C'est en tout cas ce que relate Snorre, la saga d'Olav Tryggvason. Pendant le Moyen Âge, une atmosphère plus sereine régnait sur l'île, puisque le monastère de Nidarholm y fut fondé au début du XIIe siècle par des moins bénédictins. Il était dédié à saint Laurentius, le saint des pauvres et des malades. Le monastère fut fermé après la Réforme en 1537.

Nous suivons enfin Kristianstens gate, Kristianstensbakken et traversons la rivière Nidelva sur le pont de la Vieille Ville. Nous tournons alors à gauche, laissant le réseau de routes pour suivre le sentier vers Marinen en direction de la place Hadrians plass, où nous retrouvons le chemin qui vient du sud.

Le paysage médiéval

Bjørn Sæther

Nous considérons les paysages naturels comme des éléments éternels et immuables, alors même que nous constatons des signes de changement presque quotidiennement. Les montagnes, les vallées, les lacs, les plages et les océans étaient là avant que nous naissions et demeureront après notre mort. Pourtant, la nature et ses saisons ainsi que l'homme modifient l'aspect du paysage.

Les pèlerins qui venaient de la vallée d'Orkla ou de Hølonda devaient traverser la rivière Gaula pour entamer la dernière partie de leur voyage. C'est pendant le pic de fréquentation des pèlerinages, en 1345, qu'eut lieu la pire catastrophe naturelle que connût la Norvège en termes de pertes humaines. Il y eut un glissement de terrain entre ce qui est aujourd'hui le pont Hage et Hovin, endiguant la rivière Gaula jusqu'à une hauteur de 30 m au-dessus de son niveau habituel. Lorsque, au bout de quelques jours, l'eau réussit à traverser la digue, quelque 150 millions de mètres cubes de boue et de gravillons se déversèrent avec fracas dans la vallée pour se jeter dans la mer.

Les annales islandaises de Skålholt racontent qu'environ 250 personnes périrent et que les pauvres et les voyageurs qui moururent étaient au moins aussi nombreux. Certains de ces voyageurs pouvaient avoir été en route vers le tombeau de saint Olav à Nidaros ou en revenir. Les annales relatent en outre que la vallée resta impraticable pendant plusieurs années. Gaulosen, l'embouchure de la Gaula, était sans doute bouchée et se déplaça quelque peu en 1345. Plus tard, d'autres glissements de boue rendirent également difficile la route vers Nidaros (l'ancien nom de Trondheim).

Parmi les plantes portant le nom d'Olav, citons la pyrole à une fleur (moneses uniflora), petite fleur modeste mais magnifique de la forêt d'épicéas (appelée en norvégien «olavsstake»). Photo Rolv Hjelmstad

Aux débuts des pèlerinages vers Nidaros, les pèlerins découvraient une autre forêt que celle que nous voyons aujourd'hui. Là où poussent de nos jours des bois d'épicéa, les forêts de la fin de la période des Vikings consistaient essentiellement en pins et en bouleaux. L'épicéa est un nouvel arrivé au sein de la flore norvégienne et, il y a mille ans, il n'était pas présent dans le Trøndelag. Le long de la route de pèlerinage actuelle qui suit la vallée d'Orkla, il fallut attendre le milieu du Moyen Âge pour voir apparaître des épicéas. Encore plusieurs centaines d'années passeraient avant que les bois denses et sombres d'épicéas que nous connaissons s'imposassent partout. Les arbres les plus importants des forêts médiévales étaient donc le bouleau et le pin, mais on y trouvait également d'autres feuillus. La plupart de ces arbres sont pollinisés par des insectes, produisant ainsi moins de pollen que les autres espèces dont le pollen est transporté par le vent. Des études sur des échantillons issus des marais révèlent beaucoup de choses sur ces espèces qui produisent beaucoup plus de pollen.

Même si nous sommes loin de tout connaître de la composition des forêts médiévales, nous savons néanmoins qu'elles devaient être plus ouvertes, moins denses et moins menaçantes que les bois d'épicéas. Aujourd'hui, il ne reste plus beaucoup de grandes forêts d'épicéas interrompues, car ce phénomène ne dura pas pendant beaucoup de siècles.

Le terrain que traversaient les pèlerins était grosso modo celui que l'on rencontre aujourd'hui. Les montagnes étaient tout aussi escarpées, les rivières tout aussi impétueuses. Les vallées et leurs dépôts argileux et pierreux étaient plus étroites, les bois plus ouverts. Toutefois, la principale différence réside dans la présence humaine. Les routes, tracées pour voyager à cheval, ne nécessitaient que peu de construction. Les habitations étaient rares et distantes, dispersées autour des fermes. L'agriculture se limitait plus ou moins aux flancs des vallées, là où la terre ne requérait pas de système d'irrigation. La sylviculture était modeste, car on n'abattait de nouveaux arbres que pour la construction d'habitations, l'entretien et les feux de bois. Comparé aux paysages culturels modernes, le panorama qui s'offrait aux pèlerins pouvait être considéré comme presque virginal.

La Vierge Marie a prêté son nom à de nombreuses plantes. L'orchis tacheté (dactylorhiza maculata) est l'une des plus courantes et des plus jolies (appelée en norvégien « flekkmarihand »). Photo Bjørn Sæther

Quels sont les éléments naturels qui influencèrent le développement du système routier au Moyen Âge ? Au fond des vallées, des aulnes poussaient en abondance et de manière dense, ils étaient séparés par des marécages et des marais. Les rivières serpentaient entre les collines et il était difficile de passer à gué les affluents importants, notamment pendant les périodes de crue. C'est pourquoi les voies publiques s'étiraient plus en hauteur, de préférence près de la ligne de faîte. Les pentes raides ne représentaient pas vraiment un problème lorsque les gens marchaient ou montaient à cheval, mais avec l'utilisation des chariots au XVIIIe siècle, il fallut apporter plus d'attention à la ligne de la route. En outre, les forêts s'élevaient plus haut sur le versant des montagnes qu'aujourd'hui, ne se raréfiant qu'en raison des modifications liée à l'altitude et des laiteries d'alpage.

Les pèlerins possédaient un grand savoir au sujet des plantes médicinales. Peut-être même en emportaient-ils avec eux. La plante appelée gentiane pourpre (gentiana purpurea) pousse uniquement le long des anciennes routes du Trøndelag (appelée en norvégien « søterot », ce qui signifie racine douce). Elle servait à faciliter la digestion. Photo Bjørn Sæther

Un pèlerin avançait sous les mêmes cieux qu'aujourd'hui. Il voyait les mêmes montagnes et traversait les mêmes rivières. Toutefois, les promeneurs actuels se limitent à une balade dominicale, ils ne peuvent observer les étoiles à cause de l'éclairage public et préfèrent la campagne domestiquée. Les étapes des pèlerins étaient beaucoup plus difficiles, mais ceux-ci étaient plus proches de la nature que nous ne le sommes aujourd'hui. En somme, dame Nature était beaucoup plus présente dans les paysages où s'aventuraient les pèlerins.

La cité des pèlerins sur les rives de la Nidelven

Erik Jondell

C'est à l'embouchure de la Nidelven que se trouvait le but des voyages et pérégrinations des pèlerins : Nidaros (ancien nom de Trondheim), son église du Christ et le tombeau du roi saint. À quoi ressemblait Nidaros à l'époque où l'afflux des pèlerins atteignit son apogée aux XIIIe et XIVe siècles ? La majeure partie de la cité médiévale a aujourd'hui disparu, mais avec l'aide d'archéologues, d'historiens et de linguistes, nous pouvons esquisser un tableau de l'ancienne Nidaros.

L'histoire de la ville s'apparente à un puzzle géant, chaque nouvelle fouille apportant son lot d'informations nouvelles. Les pièces archéologiques du puzzle, qui peuvent être les édifices, les rues et les cimetières, retraçant les quelque mille ans d'histoire de la ville, nous permettent d'élaborer et de modifier nos connaissances au sujet du passé. Les sources historiques ou écrites représentent également d'importants morceaux du puzzle. Il s'agit de lettres et testaments, des différentes sagas des rois, des lois et ordonnances. La loi de la cité qui remonte au début du XIVe siècle contient d'importantes informations sur l'aspect de la ville. La loi décrit, par exemple, comment deux équipes de veilleurs de nuit devaient patrouiller la cité pendant toute la nuit afin de déceler tout début d'incendie. On peut supposer qu'environ 3 000 personnes habitaient la cité il y a 700 ans. La cité vivait de la terre, les églises et la famille royale engrangeaient des fortunes considérables grâce aux taxes et aux loyers. La plupart de ces taxations étaient payées en nature, c'est-à-dire en viande, grains ou autres produits agricoles. Ces revenus créaient d'énormes profits qui étaient réinvestis dans la construction d'églises, de résidences et de navires.

Le motif des armoiries de Trondheim – un roi portant une couronne et tenant une balance sous l'arcade d'un château, et un archevêque paré de sa mitre et de sa crosse sous le porche d'une Église – date du XIIIe siècle. Le motif symbolise l'équilibre du pouvoir entre le Roi et l'Église.

La ville n'était pas grande, si on la considère selon nos critères actuels. Les bâtiments étaient concentrés au sein d'une ceinture de 200 à 300 mètres le long de la rivière et elle ne s'étendait pas plus loin à l'ouest que les Nordre gate et Munkegaten actuels. Les nombreuses petites maisons de bois, les rues et ruelles pavées de rondins, les églises et monastères dominaient le paysage de la cité. À l'extrémité sud, se dressaient la gigantesque église du Christ, le Palais de l'Archevêché et la Résidence royale. À l'ouest, ne s'étendaient, hormis l'hôpital, rien d'autre que des champs et des pâturages. Une palissade protégeait la cité près de l'actuel Skansen – la redoute – le point où la péninsule était la plus étroite. De l'autre côté de la rivière, on apercevait les deux monastères de Bakke et d'Elgeseter. Dans le fjord, il y avait le monastère de Nidarholm, et bien au-dessus de la ville, au-dessus du Steinberget, se dressait le Sverresborg (le château fort de Sverre).

La ville médiévale comme elle pouvait apparaître autour du XIVe siècle. Schéma de la reconstruction réalisé par Erik Jondell / Karl-Fredrik Keller

Une balade au XIVe siècle

Examinons de plus près certains détails ayant trait à la vie de la cité. Imaginons que nous sommes des pèlerins qui pénètrent dans la cité par le long pont de bois enjambant la rivière, à l'endroit où se situe le pont d'Elgeseter aujourd'hui. En entrant sur la péninsule, nous trouvons une tour de garde, que l'on prendrait aisément pour un clocher. À partir de la rivière, le chemin monte raide et, en arrivant dans la plaine, nous découvrons l'immense Palais de l'Archevêché entouré d'une solide muraille de pierre. L'animation est grande aux alentours de la cour et nombreuses sont les allées et venues hors de la ville et depuis la rivière, où se trouvent les bateaux et l'abri à bateaux de l'archevêque. Nous poursuivons notre chemin dans la ville et approchons de l'église du Christ, mais nous passons avant cela devant une grande croix en marbre, récemment érigée par l'archevêque Jørund. Accolées à l'église, de nombreuses cahutes permettent à des tailleurs de pierre de découper des blocs et de réaliser de superbes sculptures. Celles-ci seront placées sur la façade ouest de l'église, alors en construction. Dépassant l'église, nous continuons la route qui s'ouvre toute en largeur et tournons vers l'est, au nord de l'église du Christ. Nous ne sommes pas encore entrés dans la ville à proprement dite où vivent artisans et marchands. Ici, au nord de la cathédrale, nous voyons sur notre gauche le logis des chanoines.

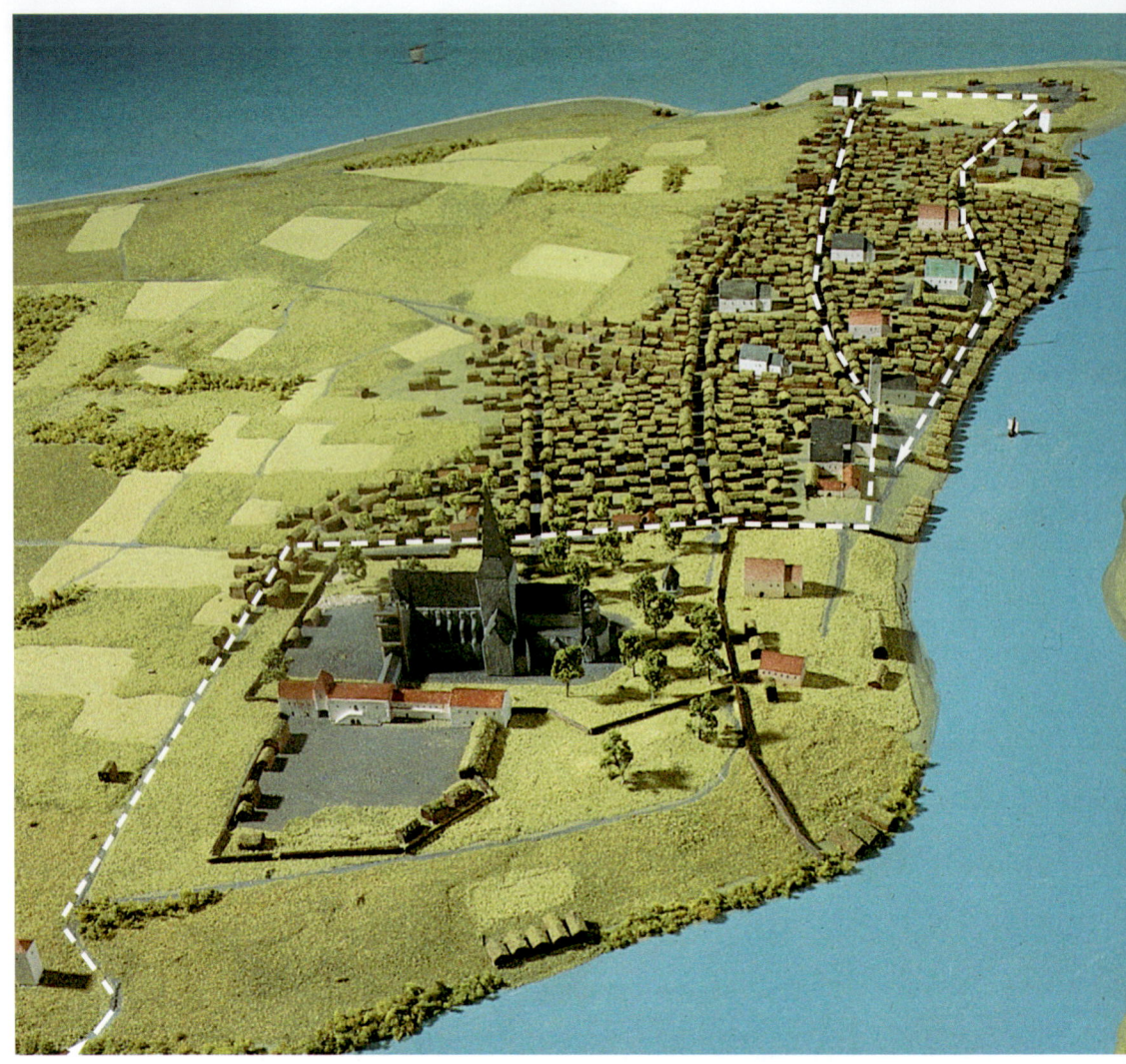

La ville médiévale vue du sud, sur une maquette présentée dans le cadre de l'exposition médiévale au Vitenskapsmuseet (Musée des Sciences naturelles). L'itinéraire de la promenade imaginaire est indiqué. Photo NTNU Vitenskapsmuseet / Roar Øhlander

Nous continuons en direction de la rivière, laissant l'église du Christ et le mur du cimetière sur notre droite. C'est ici, à l'est de l'église, que s'élève la Résidence royale composée de petits et grands édifices. Le roi dispose également de sa propre église. Près de la rivière, presque en face de la porte de l'ancienne Résidence royale, est situé le monastère des Dominicains (n°12 en reconstruction en page 39). Nous tournons vers le nord pour redescendre à travers la ville, en direction du fjord. Maintenant, la rue se divise en deux et nous décidons de prendre l'embranchement de gauche, dans Langstretet (la longue ruelle), pour traverser la ville. Cette rue s'étend sur toute la longueur de la ville et nous emmène jusqu'au fjord. Dans Langstretet, nous passons à côté de Allehelgenskirken (église de tous les saints) et de Benediktskirken (l'église de saint Benoît) ainsi que, plus loin, l'église Gregorius et une ancienne église en bois debout, l'église saint Martin. En approchant du fjord et des Ørene (les bancs de sable), les maisons se raréfient. L'église Ste Margareta, avec son clocher,

est presque située sur la plage. Les cloches sont sonnées en cas d'incendie. C'est également ici que se trouve Gildeskålen – le grand Hall des fêtes. Nous tournons à droite et atteignons les boutiques des forgerons, pleines de suie et de fumée, où de nombreux ouvriers travaillent le fer et le cuivre dans des espaces réduits. On trouve ici aussi une tour de garde similaire à celle du pont sud.

Le plus simple, pour revenir vers l'église du Christ, est de suivre la rue parallèle à la rivière. À gauche, près de la rivière, se situe Skulegården – la maison de Skule. C'est en fait l'ancien palais royal, que l'on dit avoir été construit par Olav Tryggvason. C'est là que se trouve la petite église Klemens. Tout de suite après, nous entrons à nouveau dans la ville en empruntant la rue animée de nombreuses boutiques, Kaupmannastretet – la rue des marchands. Nous sommes maintenant à un jet de pierre de la rivière, où les marchandises sont chargées et déchargées des bateaux sur les quais. La rue est flanquée, de chaque côté, de bâtiments de bois contenant des boutiques. Entre ces maisons, de petites portes s'ouvrent sur des cours pavées où vivent des gens, des animaux et quelques pèlerins qui ont loué des chambres dans certaines maisons. Les rues grouillent de monde, d'enfants qui jouent, d'artisans criant pour vendre leurs marchandises et de femmes qui avancent prestement. Nous continuons. Sur la droite, nous avons l'église d'Olav. On dit que les Franciscains seront autorisés à l'occuper car la rumeur dit qu'ils viendront bientôt s'installer ici. Avant même de nous en rendre compte, nous sommes de retour à la porte de la Résidence royale, nous avons donc atteint notre destination : l'église du Christ.

Des parties de Kaupmannastretet, dévoilées sur le site de la bibliothèque publique.

Scène de ville au XIIIe siècle. Les équipages descendent les voiles sur le navire du roi qui remonte la rivière afin de mouiller sur les quais de la Résidence royale. Langstretet au premier plan et, à gauche, l'église saint Benoît en construction (à l'endroit où se trouve actuellement le 12 Kjøpmannsgaten). Schéma de reconstruction réalisé par Karl-Fredrik Keller / Øystein Ekroll

Traces actuelles de la cité médiévale

C'est peut-être ainsi que nous pourrions imaginer notre promenade dans la ville, il y a de cela 700 ans. Mais, hormis la cathédrale, Erkebispegården (le Palais de l'Archevêché) et Vår Frue kirke (l'église Notre-Dame), il est difficile de percevoir des traces de la cité médiévale dans la ville actuelle de Trondheim. Cependant, il suffirait de faire un effort pour déceler quelques vestiges de l'ancienne Nidaros dans la Trondheim d'aujourd'hui. Un certain nombre de ruelles actuelles sont identiques aux rues médiévales. Krambugata est bâti sur des parties de Kaupmannastretet, Apotekerveita correspond en partie à Langstretet et St Jørgensveita est le vestige de Kirkestretet. Parmi les nombreuses églises, Notre-Dame, l'église médiévale de Marie, est la seule église paroissiale survivante et des vestiges de l'église Gregorius sont visibles au sous-sol de la Sparebank1 (la caisse d'épargne) sur Søndre gate. L'église d'Olav repose sous la bibliothèque publique. Le Palais de l'Archevêché a conservé les impressionnants murs du hall datant des XIIe et XIIIe siècles ; des éléments de l'ancien mur d'enceinte et l'atelier où l'on battait monnaie sont intégrés au nouveau musée. La cité médiévale n'est peut-être pas immédiatement perceptible. Mais si nous observons avec soin et curiosité, il est évident que la ville moderne est bâtie sur un terrain historique.

Des fouilles ont découvert et listé des ruines d'églises et des cimetières dans la ville médiévale, mais nous ne savons pas si elles ont toutes été retrouvées. Par conséquent, personne ne sait avec une certitude absolue quels noms correspondent aux diverses ruines d'église. Nous proposons les noms suivants, selon l'interprétation la plus généralement acceptée :

1. Église St. Margareta (dans Karl Johansgate)
2. Église Klemens (sous Trygdekontoret – le bâtiment de la Sécurité sociale)
3. Église St. Martin (sous le bâtiment de la Poste)
4. Église inconnue (saint André ?)
5. Église Gregorius (sous la caisse d'épargne)
6. Église d'Olav, monastère franciscain (sous la bibliothèque publique)
7. Église de Marie (Notre-Dame – Vår Frue kirke)
8. Korskirken
9. Allehelgenskirken – Église de tous les saints
10. Église saint Benoît
11. Église inconnue (saint Peter?)
12. Monastère dominicain
13. Église de Nikokaï dans la résidence royale
14. Église du Christ

Photo NTNU Vitenskapsmuseet/ Roar Øhlander

La cathédrale de Nidaros

Arne Bakken

« Les cloches sonnaient les vêpres dans les églises et les cloîtres lorsque Kristin entra dans le cimetière de l'église du Christ. Elle osa lever les yeux un moment vers la façade ouest de l'église – puis, aveuglée, elle les baissa. Les êtres humains n'avaient jamais pu réaliser ce travail grâce à leurs seules forces humaines – c'est l'esprit de Dieu qui avait travaillé au travers de saint Øystein et au travers des bâtisseurs de cette demeure qui lui succédèrent » – Pour Kristin Lavransdatter, le personnage du livre de Sigrid Undset, l'église du Christ à Nidaros était « le reflet de la gloire du royaume de Dieu ». Nombreux sont ceux qui ont ressenti, face à la beauté, une expérience suscitant un questionnement éthique : « Maintenant, elle constatait combien elle était misérable ici dans la poussière... ».

Ceux qui bâtirent la cathédrale souhaitaient créer un espace où le ciel rencontrerait la terre et où les pèlerins constateraient la grandeur et la responsabilité de l'être humain.

La sculpture de saint Olav est parée d'une couronne chaque année lors de la saint Olav, le 29 juillet. Photo Jøran Wærdahl

Église du Christ – érigée sur la sépulture du roi viking

Ce n'est pas la vie d'Olav Haraldson qui fit de lui un saint, mais bien sa mort. Grâce à sa défaite lors de la bataille de Stiklestad le 29 juillet 1030, la nation toute entière se convertit à la nouvelle foi dans le Christ.

Le folklore qui entoure Olav parle du lien profond, mystérieux et vivant qui unit l'impuissance et la puissance, le désespoir et l'espoir, la mort et la vie. La cathédrale fait revivre les valeurs spirituelles portées par saint Olav. Le premier devoir d'un saint consistait à mener vers le Christ. C'est pourquoi l'église où il est enterré fut appelée l'église du Christ de Nidaros.

Une chapelle en bois fut édifiée au-dessus de la tombe d'Olav immédiatement après sa canonisation le 3 août 1031. Aux environs de 1070, Olav Kyrre fonda la première église du Christ au même endroit. Le maître-autel accueillant la châsse du roi fut placé sur le lieu même de la tombe du Roi.

Toutefois, le nombre de pèlerins augmentant, il fut nécessaire d'élargir l'église. Vers 1150, commencèrent les travaux du transept actuel. La personne généralement considérée comme l'architecte et bâtisseur de la

Procession de la châsse juste à côté de la cathédrale au XIVe siècle. Sur la gauche, on peut voir le passage sous arcades qui relie l'église au Palais de l'Archevêché. Dessin de reconstruction réalisé par Karl-Fredrik Keller / Øystein Ekroll

cathédrale de Nidaros dans sa version gothique est Øystein Erlendsson (archevêque de 1161 à 1188). Né dans la région, il était néanmoins cosmopolite et personnifiait les idées et les philosophies européennes. Il étudia à l'université en France. De retour d'un exil en Angleterre dû à ses désaccords avec le roi Sverre, il lança la construction d'une cathédrale gothique en 1183. Avant de mourir, il réussit à finir la salle du chapitre et fit entamer la construction de l'octogone autour du maître-autel. On suppose généralement que la cathédrale dans son style gothique fut achevée vers 1300.

Cinq incendies ravagèrent la cathédrale et cinq fois elle fut reconstruite. Un incendie majeur en 1531 dévasta presque entièrement la nef ouest. Lorsque les grands travaux de restauration commencèrent en 1869, on s'inspira des nombreux lieux qu'avait visité l'archevêque Øystein à son époque. C'est pourquoi, avec son attitude internationale, Øystein est devenu le symbole même d'une cathédrale dans le Grand Nord qui appartient désormais à toute une lignée d'églises européennes.

Le seau du chapitre de la cathédrale de Nidaros datant de 1225 montre saint Olav assis sur son trône, portant une couronne, un sceptre surmonté d'une fleur de lys et la croix d'orbe.

En visitant le tombeau de saint Olav à Nidaros, ou l'un des autres lieux de sépulture chrétiens de saints, les pèlerins médiévaux pensaient qu'ils pouvaient partager les pouvoirs divins du saint en question.

La cathédrale et les pérégrinations des pèlerins

Dans la cathédrale, nous retrouvons le schéma même du pèlerinage : le départ, le chemin, l'objectif – et le retour chez soi.

La façade ouest, l'entrée de l'église, constitue une frontière claire, l'endroit où l'on entre dans un univers différent ; elle indique donc la volonté des Pèlerins de *partir*.

Le *chemin* représente la distance entre les portes à l'ouest et l'*objectif*, le maître-autel à l'est. La route vers la lumière qui se lève à l'est est une pérégrination dans le « bois des colonnes », une promenade à travers un « paysage » en perpétuel changement. On a l'impression de toujours entrer dans de nouvelles pièces. L'attente et la curiosité augmentent au fur et à mesure du voyage.

Sur le lieu de la destination, c'est-à-dire le maître-autel, la châsse de saint Olav a disparu depuis la Réforme. Dans l'actuel maître-autel datant de 1880, le relief central représente les voyageurs d'Emmaüs et le Christ ressuscité. L'architecture, grâce au déambulatoire autour du maître-autel, guide à nouveau les pèlerins vers la sortie de l'église. Un pèlerin ne doit pas s'attarder sur un lieu saint. Une grande partie du voyage du pèlerin est occupée par *le voyage de retour*. On disait que les vieux pèlerins ne rentraient jamais dans leurs villages sans s'être débarrassé d'au moins un préjugé et sans l'avoir remplacé par une nouvelle pensée. Parfois, une transformation pouvait se produire, parfois non.

Birgitta de Vadstena se rendit en pèlerinage à Nidaros (vers 1330), à Saint-Jacques-de-Compostelle (1341-43) et à Rome (1349). Sa tombe à Vadstena était l'un des premiers hauts lieux de pèlerinage dans le Nord. Cette sculpture la représentant est située sur la tour sud-ouest. Photo Jøran Wærdahl

La cathédrale et le combat de la vie

Une cathédrale est un espace commun spirituel où les pèlerins trouvent la force de vivre avec les tensions et les contradictions qui les tiraillent.

L'architecture et l'art, les prières et les messes expriment le combat que l'homme livre entre les ténèbres et la lumière. La douleur et la joie, l'espoir et le désespoir ont tous leur place dans un contexte plus vaste.

L'église est orientée vers l'est. Le maître-autel pointe à l'est, en référence à la place du Christ en direction du lieu où le soleil se lève et en direction

La sculpture du maçon, en haut de la façade ouest. Photo Jøran Wærdahl

Le tailleur de pierre Josef Ankile taillant une sculpture de l'apôtre Jacques. Photo Nidaros Domkirkes Restaureringsarbeider

du jour nouveau. Les pèlerins entrent à l'ouest où le soleil se couche, au seuil des ténèbres et des forces destructrices. Les nombreuses sculptures d'hommes et de femmes sur la façade ouest représentent des personnes qui ont marqué les mémoires pour avoir eu le courage d'affronter les ténèbres sous toutes leurs formes. Parmi tous les saints, nous trouvons de simples travailleurs : des fermiers qui plantent et récoltent des céréales, des femmes qui tissent la laine et fabriquent du fromage, des cordonniers, des forgerons et bien d'autres encore. Tous vaquent à des occupations nécessaires à la vie. Ici, dans la cathédrale, toutes les tâches de la vie sont replacées dans un contexte qui nous dépasse. Les tâches quotidiennes de l'homme font partie du combat contre les forces destructrices de la vie !

La cathédrale exprime un combat permanent, qui ne finira jamais vraiment tant qu'il y aura des hommes sur terre. Ceci se traduit, par exemple, par un personnage situé haut sur la façade ouest. Nous voyons un maçon qui tient une brique dans une main et une truelle dans l'autre. Dans le mur derrière lui, un espace vide attend une pierre. Nous et nos contemporains sommes également des bâtisseurs de cathédrales lorsque nous luttons du côté de la vie, contre l'injustice et les menaces de toutes formes. Ainsi, le maçon de la façade ouest nous parle de la responsabilité et de la grandeur du genre humain. Il nous semble que la cathédrale souhaite instaurer un dialogue avec toute personne qui franchit son seuil. Il nous semble qu'elle veut quelque chose ! Il nous semble qu'elle a vu quelque chose ! Les cathédrales furent bâties à une époque où il ne suffisait pas de simplement regarder les choses. Il n'y avait pas alors de distinction entre forme et contenu, car la forme exprimait en partie le contenu. Par conséquent, une personne qui évoluait au sein d'une cathédrale ne pouvait rester neutre.

Les bâtisseurs de cathédrales semblent avoir regardé le bien comme le mal droit dans les yeux. Le lieu saint exprimait le combat de la vie. Dans la cathédrale, l'homme était placé au milieu du combat entre les abysses et les sommets de la vie, faisant appel à son esprit et à ses sens, à son intellect comme à ses émotions, à ses faiblesses comme à ses forces.

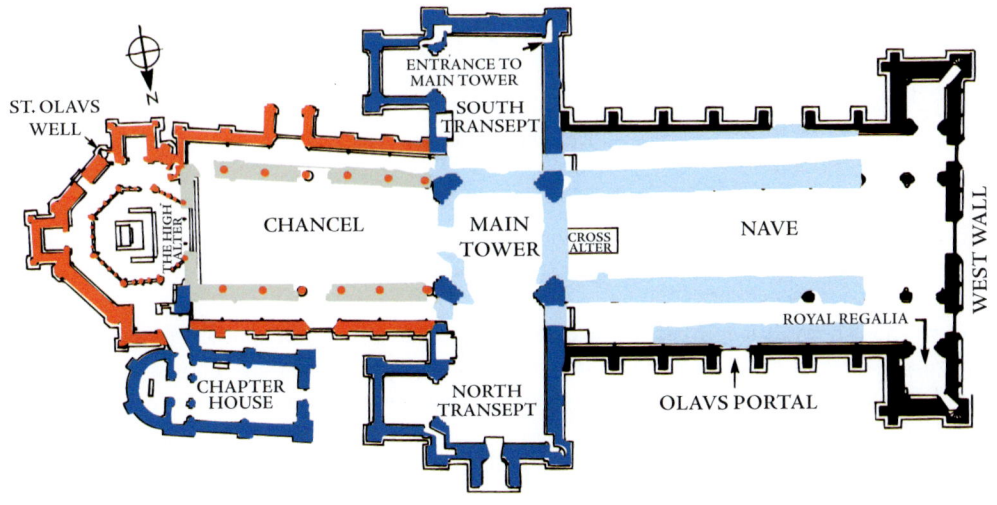

- Vestiges du mur de fondation roman de l'église Olav Kyrre – 1066–93.
- Mur d'église gothique, dont la construction fut lancée aux alentours de 1180 par l'archevêque Eystein.
- Mur d'église romane normande. Le transept fut initié en 1152 par l'archevêque John, puis poursuivi par l'archevêque Eystein qui fit également construire la salle du chapitre..
- Mur de la première nef de l'église romane normande, commencée en 1155, poursuivie par Eystein et démolie par l'archevêque Sigurd vers 1230.
- Mur d'église gothique initiée vers 1230 par l'archevêque Sigurd. La construction de la façade ouest avec sa tour fut entamée en 1248. L'intérieur fut achevé vers 1320.

Jusqu'à ce jour, la cathédrale de Nidaros est restée le foyer spirituel de la nation. Elle évoque les valeurs fondamentales qui ont décidé du sort des individus et du peuple entier. Dans un sens, chaque personne porte en lui une cathédrale. Le pèlerin peut trouver l'inspiration dans la cathédrale pour découvrir la grandeur et le mystère qui résident dans autrui et dans la vie mystérieuse et complexe dont nous faisons tous partie.

Les insignes de pèlerinage

Lars Andersson

Les pèlerinages représentaient une source importante de revenus pour l'Église catholique car les pèlerins augmentaient le montant des quêtes et apportaient des présents.

Ces revenus se voyaient souvent renforcés par la vente de ce que l'on appelait des insignes de pèlerins Il s'agissait de petites plaques de métal fantaisie qui devaient être portées de manière visible, en guise de souvenir ou de preuve que le pèlerinage avait été mené à bien.

Les plus anciens insignes de pèlerinage en Europe datent du XIIe siècle, mais ils connurent leur plus grande popularité au cours des XIVe et XVe siècles. Ils étaient produits en masse et représentaient le plus souvent des petites images avec une impression en relief sur une face. Coulés dans un alliage de plomb et d'étain, ils mesuraient de 5 à 10 cm de long. Puisqu'ils devaient être attachés sur les vêtements, les chapeaux ou les sacs des voyageurs, ils étaient souvent pourvus de petites boucles latérales.

Les coquilles Saint-Jacques (*Pecten Maximus*) vendues à Saint-Jacques-de-Compostelle dans le nord-est de l'Espagne constituent une forme assez particulière d'insignes de pèlerinage. La coquille était l'icône de l'apôtre Jacques et symbolisait le concept de pèlerinage.

L'origine géographique des insignes de pèlerinage est généralement visible d'après le motif représenté par l'image. Il indique le but du pèlerinage, le saint adulé ou son attribut, l'image culte qui faisait des miracles ou la relique. Parfois, le nom du lieu est également inscrit.

Reliques de cruches en grès. Peut-être certaines d'entre elles étaient-elles utilisées pour le puits d'Olav dans la cathédrale. Photo Musée des Sciences / Gorm K. Gaare

Les insignes de pèlerinage de Nidaros représentent saint Olav assis ou debout avec une hache dans une main et, le plus souvent, un orbe couronné dans l'autre. Il existe quelques exemples du personnage entouré d'un treillage doté d'une voûte ronde et de petites colonnes. Aucun des insignes trouvés jusqu'à présent ne porte d'inscription. Actuellement, seuls dix à vingt insignes ont été retrouvés, soit dans le cadre de fouilles archéologiques, soit lors de restaurations d'églises. Cependant, ce nombre n'indique en rien le nombre de pèlerins qui se rendaient à Nidaros. Les objets découverts que l'on peut dater remontent au XVe siècle et au début du XVIe siècle, ce qui correspond bien à ce que nous savons des insignes du deuxième haut lieu de pèlerinage en Scandinavie, les reliques de sainte Birgitta à Vadstena. Les insignes de pèlerinage produits en Scandinavie remontent donc à la fin du Moyen Âge. Les lieux où ces insignes ont été découverts semblent indiquer que les pèlerins venaient essentiellement des pays nordiques. Jusqu'à présent, aucun insigne d'Olav n'a été retrouvé sur le continent ou sur les îles britanniques.

En plus des insignes métalliques traditionnels, nous savons qu'il existait également un type particulier de cruches miniatures en terre cuite dotées de deux petites anses sur les côtés. De telles reliques étaient parfois utilisées lors de cultes saints en Norvège. En Suède et au Danemark, toutefois, seuls quelques exemplaires de ce type de cruches ont été retrouvés, alors qu'au moins 150 cruches ont été découvertes en Norvège dans des maisons à la campagne ou dans de petites villes médiévales. De toute évidence, elles étaient destinées à diverses utilisations, mais nous avons des preuves de leur lien avec les pèlerinages de Nidaros. Au tournant du siècle, le puits d'Olav, situé à l'intérieur de la cathédrale, fut nettoyé. On retrouva une cruche au fond du puits, coincée entre deux pierres. Peut-être un pèlerin l'avait-il perdue en tirant de l'eau sainte. En effet, pendant le Moyen Âge, cette eau sainte et ses pouvoirs représentaient l'une des raisons qui poussaient à entreprendre l'ensemble du pèlerinage de Nidaros.

En haut :
Insigne de saint Olav découvert dans un triptyque datant de 1470, dans l'église Sånga à Ångermanland, en Suède. Photo Statens historiska museum, Stockholm.

En bas :
Coquille de Saint-Jacques-de-Compostelle, Espagne, trouvée dans une tombe près des ruines de la chapelle Västerhus à Frösön dans le comté de Jämtland, Suède. Photo Statens historiska museum, Stockholm

Les églises d'Olav en Europe

Bjørn Olav Grüner Kvam

Par le terme « églises d'Olav », nous entendons des églises où saint Olav, seul ou conjointement avec d'autres saints, était utilisé comme nom ou saint patron de l'église au moment de sa consécration. Nous avons connaissance d'au moins 340 églises ou chapelles dédiées à Olav datant d'avant la Réforme (avant 1540 environ).

En Norvège, il y avait au moins 52 églises dédiées à Olav. La plupart de celles dont nous avons connaissance sont situées dans les diocèses d'Oslo, de Borg et de Tunsberg, les parties nord du diocèse d'Agder, les doyennés de Vinger, Odal et Solør dans le diocèse d'Hamar, ainsi qu'à Båhuslän en Suède. Dans les parties ouest et nord du pays, leur nombre est beaucoup plus réduit. Toutefois, il existe beaucoup d'églises dont nous ne savons pas qui était le saint patron.

Dix-sept églises d'Olav ont survécu en Norvège. Ce sont celles de Trøgstad, Eidsberg, Ringsaker, Lom, Fiskerkapellet à Maihaugen, Sem, Våle, Borre, Hem, Tanum, l'ancienne église de Skoger, l'ancienne église de Fiskum, l'ancienne église de Bø, Seljord, Avaldsnes, la cathédrale de Bergen ainsi que l'église de Stiklestad. Parmi celles-ci, Lom, Våle, Tanum, Avaldsnes et la cathédrale de Bergen sont généralement ouvertes l'été. Ringsaker et Borre sont des églises touristiques qui proposent également des visites guidées, des rafraîchissements et des services ou méditation.

Sous la bibliothèque publique de Trondheim, on peut voir des vestiges d'une ancienne église d'Olav. Cette église fut édifiée en pierre au milieu du XIIe siècle pour remplacer l'église en bois bâtie à l'endroit où le corps du roi Olav avait été conservé après la bataille de Stiklestad. L'église en pierre était l'église paroissiale jusqu'au début du XIVe siècle, lorsque le monastère franciscain plus au nord fut fondé. Le monastère et l'église furent détruits lors du grand incendie de la ville le 5 mai 1531. Les sources mentionnent également la chapelle funèbre de saint Olav, probablement construite en bois, sur le site où le corps d'Olav fut déplacé et enterré, à l'endroit où se situe actuellement l'octogone de la cathédrale de Nidaros.

En Suède, nous connaissons au moins 75 églises dédiées à saint Olav, environ 20 au Danemark et au moins 13 en Finlande. Les 70 consécrations connues en Islande montrent à quel point la tradition d'Olav s'était répandue vers l'ouest. L'église d'Olav à Thingvellir est l'une des plus importantes et fut probablement fondée par le roi saint en personne. Sur les 45 églises d'Olav que comptaient les îles britanniques, 16 ont survécu, dont quatre à Londres. Marygate à York, Kirkwall dans les Orcades et Waterford en Irlande comptent parmi les plus anciennes. Dans les îles Féroé, l'église d'Olav à Kyrkjebø est toujours en service.

Quant au reste de l'Europe, il y avait des chapelles d'Olav à Amsterdam et à Maastricht aux Pays-Bas et à Gdansk en Pologne. En Allemagne et dans les anciennes villes hanséatiques, saint Olav est essentiellement représenté par le biais d'autels dédiés au roi saint ainsi que de nombreuses guildes

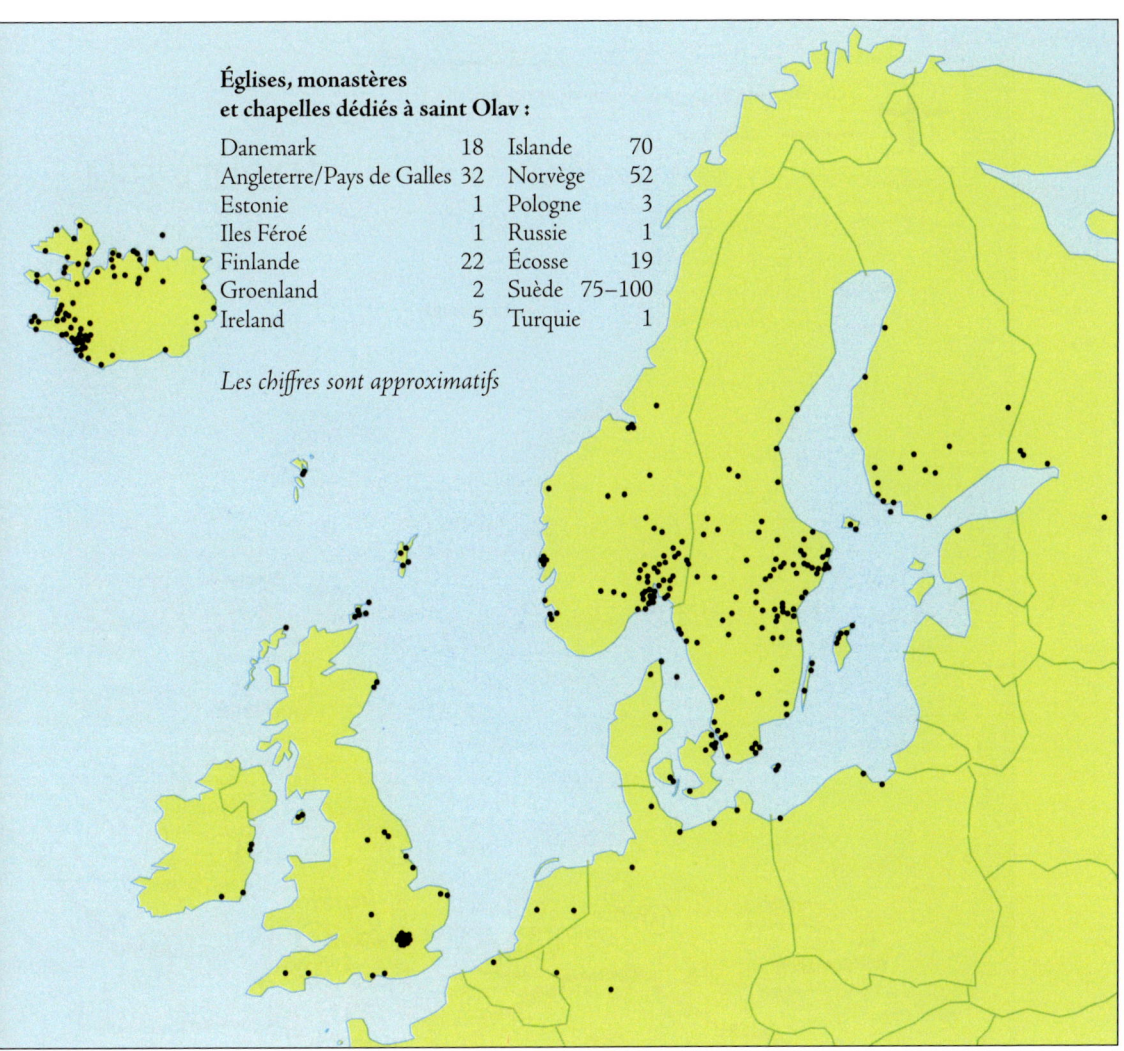

Églises, monastères et chapelles dédiés à saint Olav :

Danemark	18	Islande	70
Angleterre/Pays de Galles	32	Norvège	52
Estonie	1	Pologne	3
Iles Féroé	1	Russie	1
Finlande	22	Écosse	19
Groenland	2	Suède	75–100
Ireland	5	Turquie	1

Les chiffres sont approximatifs

d'Olav. On trouve des autels dédiés à Olav à Brême, Rostock et Stralsund. L'église d'Olav à Tallin (anciennement Reval), capitale de l'Estonie, est l'une des dernières églises encore debout. L'église d'Olav la plus à l'est au monde est celle de Novgorod (anciennement Holmgard) en Russie.

Au sud, on trouve également une église d'Olav dans la capitale turque, Istanbul (anciennement (Miklagard/Constantinople). La présence d'églises d'Olav dans les pays nordiques, dans les îles britanniques et sur le continent indique bien que la tradition d'Olav s'était développée partout en Europe du Nord.

Où se trouve ...

1. La cathédrale de Nidaros
2. Le Palais de l'Archevêché
3. Le pont de la vieille ville
4. Les vestiges de l'église de Gregorius
5. L'Église de l'Hôpital
6. Kristiansten festning (fort)
7. L'Église de Lade, exposition sur le Moyen-Âge
8. Munkholmen
9. Le Musée national des arts décoratifs
10. Salle de concert Olav
11. Olav's Spring
12. Les vestiges de l'église d'Olav
13. Pirterminalen (quais)
14. Le poste de police
15. Ravnkloa (marché aux poissons)
16. Hôpital régional
17. Le musée Ringve
18. La gare centrale
19. Skansen
20. Pharmacie
21. L'Église de St Olav
22. La résidence royale
23. Studentersamfundet (student centre)
24. Tavern (restaurant)
25. Trondheim Hospital
26. L'association des arts de Trondheim Gallerie d'art de Trøndelag
27. Le musée de la marine de Trondheim
28. Trøndelag Kunstnersenter/Centre culturel
29. Le musée du folklore de Trøndelag, Sverresborg
30. Le théâtre de Trøndelag
31. Utsikten/Lookout point
32. Le musée des Sciences et son exposition médiévale
33. Église Notre-Dame
34. Dokkhuset
35. Nidaros Pilegrimsgård

i Visit Trondheim (Munkegt. 19)

..... Ladestien

Chers pèlerins et touristes

Bienvenue à Trondheim, l'objectif de votre pèlerinage ! Nous espérons que vous apprécierez votre séjour et, pour vous y aider, nous avons le plaisir de vous fournir les informations suivantes concernant les transports publics, les taxis, l'office du tourisme, l'hébergement, les sites historiques, musées et autres attractions dignes d'intérêt.

Nidaros Pilgrimsgård (auberge des pèlerins de Nidaros)
Cette auberge pour pèlerins est située dans un lieu magnifique, juste à l'est de la cathédrale de Nidaros, sur le bord de la rivière. Pendant la saison estivale, les pèlerins peuvent y trouver le gîte et le couvert, ainsi que la possibilité de laver et sécher leurs vêtements. Ils rencontreront ici d'autres voyageurs avec qui partager leur expérience et trouveront également une pièce pour s'adonner à une prière silencieuse ou une réflexion. Les heures des prières sont coordonnées avec les services de la cathédrale. Pendant le reste de l'année, ce lieu sert de centre de retraite pour des formations et des conférences. Adresse : Kjøpmannsgata 1. www.pilegrim.info

Transport et informations touristiques

Bus et trams en ville
La plupart des lignes de bus partent de Munkegaten ou Dronningens gate (rue) dans le centre-ville. Pour plus d'informations sur les horaires de départ, tél. : +47 815 35 230.

Navettes Graakallbanen (ligne de tram) entre St. Olavs gate dans le centre et Lian près de Bymarka, tous les jours.

Taxi Tél. : 07373
          08000

Trains et bus
La gare centrale de Trondheim est le terminus commun des trains et des bus, ainsi que des navettes (flybuss) vers Værnes, l'aéroport de Trondheim. Plus d'informations, tél. : 47 177 or +47 73 88 39 00

Réservation d'hôtel, hébergement, guides
Visit Trondheim AS (Office du tourisme de Trondheim), est situé en ville, Munkegt. 19. Tél. : +47 73 80 76 60. E-mail : touristinfo@visit-trondheim.com. Brochures et informations sur toute la région et le reste du pays.

Attractions – sites historiques – musées

Le Palais de l'Archevêché
C'est l'un des plus anciens édifices séculiers de Scandinavie. Les travaux commencèrent pendant la deuxième partie du XIIe siècle. Ce fut la résidence de l'archevêque jusqu'à la Réforme en 1537. Le musée du Palais de l'Archevêché présente des sculptures d'origine de la cathédrale de Nidaros et les pièces archéologiques découvertes dans ce lieu riche d'histoire. Site : www.nidarosdomen.no.

L'église de l'hôpital
Construite en 1705, c'est la première église octogonale en bois érigée en Norvège et en

Suède. Située près de l'hôpital de Trondhjem dans Kongens gate. À quelques minutes de marche du centre-ville.

Les vestiges d'une église du Moyen Âge

Les vestiges de l'Olavskirken (une église datant du XIIe siècle) ont été retrouvés dans la cour du bâtiment de la bibliothèque publique sur Peter Egges plass. On peut y voir des éléments du cimetière et quelques squelettes bien préservés. Mêmes heures d'ouverture que la bibliothèque. Dans la cave d'une caisse d'épargne importante, on trouve les ruines de la Gregoriuskirken, une église datant du XIIe siècle. Ces ruines peuvent être visitées pendant les heures d'ouverture de la banque : Sparebank1 Midt-Norge, Kongens gt. 4, sur Søndre gt. (entrée sur la rue).

Munkholmen

L'Île aux Moines était le premier monastère bénédictin construit dans les pays nordiques, juste après 1100. En 1658, il fut transformé en forteresse et en prison. Aujourd'hui, c'est un site de loisirs disposant d'une plage et d'un restaurant. Horaires de départ du ferry pendant la saison estivale à partir de Ravnkloa.

Forteresse de Kristiansten

Cette forteresse fut construite par le général Johan Caspar de Cicignon lors de la reconstruction de Trondheim après le grand incendie de 1681. Une plaque commémorative rappelle que des membres de la résistance norvégienne y furent exécutés pendant la Seconde Guerre mondiale.

Nordenfjeldske Kunstindustrimuseum

Musée des Arts appliqués du Nordenfjeld, Munkegt. 5.Tél.. : +47 73 52 13 11. Expositions d'artisanat et d'arts décoratifs étrangers et norvégiens. Site Web : www.nkim.museum.no

Source d'Olav sur Hadrians plass

C'est la source sainte des pèlerins située à l'extrémité nord du pont d'Elgeseter.

Ravnkloa

Ravnkloa, le marché aux poissons de la ville, est situé à l'extrémité nord de Munkegaten. Bateaux pour Munkholmen.

Ringve museum

Ringve est le musée national norvégien de la musique et des instruments de musique. Le musée de Ringve se trouve à 10 minutes en voiture du centre-ville de Trondheim et entouré des superbes jardins botaniques de Ringve.

Rustkammeret / Det nordenfjeldske hjemmefrontmuseum

Le musée de l'armée, hébergé au sein du Palais de l'Archevêché, expose des uniformes et des armes.
Tél. : +47 73 99 58 31. Site Web : www.mil.no/felles/rkt

Skansen

Vestiges des fortifications à l'ouest de la ville et de l'ancienne porte de la cité. Aujourd'hui aménagés en parc, offrant une très belle vue sur le fjord.

Stiftsgården

C'est la plus grande maison de bois de Norvège, construite en 1774–78, au Munkegt 23. C'est aujourd'hui la Résidence royale officielle à Trondheim. Tél. : +47 73 84 28 80 et +47 73 80 89 50. Site Web : www.nkim.museum.no/stiftsgarden.htm

Gamle Bybro

Le vieux pont de la ville fut construit à cet emplacement en 1681. Sur la rive ouest, l'ancienne maison des octrois existe toujours. Le pont actuel fut bâti en 1861.

Bryggene

Les quais. Parmi les quais qui longent la rivière Nidelva, les plus anciens datent du début du XVIIIe siècle. Les quais donnant sur le front de mer sont plus récents et datent des XIXe et XXe siècles.

Sukkerhuset

L'usine du sucre est située E. C. Dahls gt. 2 à Kalvskinnet. Cette raffinerie fut construite en 1752 et abrita plus tard une brasserie de 1856 à 1984. C'est l'usine intacte la plus ancienne de Norvège.

Trondheim Kunstmuseum / Trøndelag Kunstgalleri

La galerie d'art de Trondheim – Bispegt. 7B – est située en face de la cathédrale de Nidaros. Tél. : +47 73 53 81 80. Elle compte une large collection d'art norvégien et étranger, du XIXe siècle à nos jours. Site Web : www.tkm.no.

Hôpital de Trondhjem

Situé au Hospitalsløkkan 2–4, c'est la plus ancienne institution sociale norvégienne. Fondée en 1277 pour soigner les lépreux et indigents, il servit également d'hospice pour les pèlerins. C'est aujourd'hui une maison de retraite pour personnes âgées.

Trøndelag Folkemuseum, Sverresborg

Le musée des arts et traditions populaires est le musée central pour tout ce qui concerne l'histoire de la culture régionale. Situé sur le site du château fort du roi Sverre, vieux de 800 ans et baptisé Mont Sion, le musée se compose de 60 bâtiments restaurés, dont une église en bois debout, des fermes d'alpage, des maisons de passeurs, des maisons de ville et des manoirs. C'est également là qu'est situé le musée du ski du Trøndelag. Réservation pour visites guidées, tél. : +47 73 89 01 00. Tavern, une auberge de 1739, est ouverte tout au long de l'année, tél. : +47 73 87 80 70. Site Web : www.sverresborg.no.

Trøndelag senter for samtidskunst (centre d'art contemporain)

Adresse : Fjordgt. 11. Tél. : + 47 73 52 49 10. www.samtidskunst.no.

Vitenskapsmuseet (musée des sciences)

Erling Skakkes gt. 47, Tél. : +47 73 52 49 10. Les collections d'histoire naturelle comprennent des animaux, des plantes et des minéraux, ainsi qu'une exposition sur les différents types de paysages naturels du centre de la Norvège. Les expositions d'histoire culturelle présentent des objets archéologiques issus de l'âge de pierre, l'âge de bronze et l'âge de fer. L'exposition médiévale dévoile des objets trouvés lors de fouilles récentes dans le centre-ville de Trondheim, une exposition d'art religieux du Moyen Âge jusqu'au XVIIIe siècle et une exposition sur la culture laponne du Sud.
Site Web: www.ntnu.no/vmuseet.

Det jødiske museum (le musée juif) de Trondheim

Arkitekt Christies gt 1b. Tél. : +47 73 52 94 34. Site Web : www.jodiskemuseum.no

Autres musées

Galerie d'art de Trondheim (*Trondhjems Kunstforening*), le musée du tramway de Trondheim (*Sporveismuseet*), le musée de la marine de Trondheim (*Sjøfartsmuseet*), le musée national norvégien de la justice (*Rettsmuseet*) et le centre des sciences de Trondheim (*Vitensenteret*).

Églises médiévales

L'église de Byneset, à l'origine appelée Mikaelskirken à Stei, datant de 1170–80, Spongdal à Byneset. Un lieu de culte païen de l'époque préchrétienne se trouvait à proximité de l'emplacement actuel de l'église. Tél. : +47 72 83 58 40.

L'église de Lade, env. 1180, Lade allé 36. Il y avait un lieu de culte païen à environ 100 mètres au nord-est de la ferme de Lade à l'époque préchrétienne.

L'église Notre-Dame (Vår Frue kirke) était à l'origine appelée Mariakirken et date du XIIIe siècle. Elle est située Kongens gt. 5 à l'extrémité sud de Nordre gate.

Cathédrale de Nidaros

Services à 11h et 18h le dimanche. Prières à 12h15 du mardi au samedi. Récital d'orgue en semaine et chaque samedi à 13h. Prière du soir dans la salle du chapitre chaque vendredi à 19h. Pendant la saison touristique, service chaque soir pour tous les voyageurs à 17h40.
www.nidarosdomen.no

L'église catholique de Trondheim

St. Olavs kirke (datant de 1872), Schirmers gt. 1. Tél. : +47 73 52 12 14. Site Web : www.katolsk.no/mn/Trondheim. Ouverte pour la prière de 9h à 17h. Messe en semaine à 18h30, veillée le samedi à 18h30, messe dominicale à 9h00 et grand-messe à 11h.

Trondheim – une ville de culture

Le festival d'Olav à Trondheim – *Olavsfestdagene*

Basé sur la saint Olav et le pèlerinage à la cathédrale de Nidaros, ce festival religieux et culturel se déroule à la fin juillet et se prolonge pendant la première semaine d'août.

La saint Olav commémore la mort de saint Olav à la bataille de Stiklestad. Depuis l'époque médiévale, cette importante fête est devenue une tradition à la fois au sein de l'Église et auprès du grand public. La cathédrale de Nidaros est le lieu religieux autour duquel s'articule la fête. Aujourd'hui, les pèlerins se rendent à nouveau à Nidaros, certains empruntant la route du pèlerinage, d'autres utilisant les moyens modernes de transports. Pendant les derniers jours de juillet, on peut assister à de petits et grands services dans certaines églises de la ville. L'événement majeur est « Olavsvaka » – la veillée d'Olav dans la cathédrale, pendant la nuit du 28 au 29 juillet.

Les événements culturels qui entourent la saint Olaf se présentent sous la forme de concerts, de représentations théâtrales, de conférences, d'exposition, de promenades de pèlerins et d'excursions. Les festivités populaires trouvent leur apogée dans le marché historique qui recrée l'ambiance et l'activité des foires médiévales, avec des ventes d'œuvres d'artisans, des démonstrations de techniques d'artisanat anciennes, des rafraîchissements et des divertissements. Le bureau du *Olavsfestdagene* est situé Dronningens gt. 1B. Tél. : +47 73 84 14 50. www.olavsfestdagene.no.

Olavshallen – la salle de concert

Des concerts sont donnés toute l'année dans deux salles de concert Kjøpmannsgt. 44. Tickets et informations par téléphone au +47 73 53 40 50. Site Web : www.olavshallen.no.

Dokkhuset

Dokkparken 4
Salle pour jazz et musique de chambre. Tél. : +47 73 60 59 33
Site Web : www.dokkhuset.no

Orchestre symphonique de Trondheim

Concerts chaque semaine. Tickets et informations par téléphone au : +47 73 53 40 50. Site Web : www.tso.no

Théâtre de Trøndelag

Prinsens gt. 18–20. Tickets et informations par téléphone au +47 73 80 50 00. Site Web : www.trondelag-teater.no

Informations utiles

**Trondheim Folkebibliotek –
Bibliothèque publique de Trondheim**
Peter Egges pl. 1. Tél. : +47 72 54 75 20 et +47 72 54 72 00. Site Web : www.tfb.no.

Bureau de poste
Le bureau de poste central est situé Dronningens gt. 10. Tél. : +47 810 00 710
Ouvert du mardi au vendredi de 8h à 17h, jeudi de 8h à 18h. Samedi de 9h à 15h. Poste restante. Vente de timbres.

Bureau de police
Adresse : Gryta 4. Tél. : +47 73 89 90 90 et +47 02 800.

Urgences médicales :
Urgences hospitalières. Tél. : +47 73 52 25 00
Urgences dentaires. Tél. : +47 73 50 55 00

Services de pharmacie de garde :
St. Olav apotek,
Centre commercial Solsiden, Beddingen 4. Tél. : +47 73 88 37 37. En semaine de 8h30 à minuit, dimanche de 10h à minuit.

Numéros de téléphone de secours :
POLICE : 112
SAPEURS POMPIERS : 110
AMBULANCE : 113

Municipalité de Trondheim,
administration :
Hôtel de ville, Munkegata 1, près de la cathédrale de Nidaros. Tél. : +47 72 54 60 11

Un bref historique de Trondheim

Jon Øyvind Eriksen

Trondheim fut fondée en 997 par Olav Tryggvason. Cependant, des habitations avaient été construites près de l'embouchure de la Nidelven – la rivière Nid – bien avant cette date. C'est après la bataille de Stiklestad en 1030, lorsque la dépouille de saint Olav fut ramenée à Trondheim, que la ville prit de l'importance. La même année, elle fut déclarée capitale de la Norvège et la cathédrale de Nidaros devint l'un des plus grands hauts lieux de pèlerinage en Europe. En 1152, la cité devint le siège de l'archevêque et c'est au sein du Palais de l'Archevêché que se concentrèrent les pouvoirs d'un royaume qui s'étendait de la Norvège au Groenland. La Grande Peste constitua une importante menace pour la ville, mais son rayonnement ne décrut que lorsque le roi danois introduit la Réforme. C'est en 1537 que le dernier archevêque de Nidaros, Olav Engelbrektsson, quitta le pays.

Pendant les siècles qui suivirent, la ville fit face à de dures épreuves. Après le Traité de paix de Roskilde en 1658, Trondheim tomba sous la coupe suédoise, mais la cité fut reconquise à peine sept mois plus tard. En 1681, la ville entière fut rasée par un incendie. Le roi mandata le général-major Johan Caspar de Cicignon pour concevoir pour la ville un tout nouveau plan, que l'on retrouve aujourd'hui encore dans le plan actuel des rues du centre-ville. C'est à la même époque que fut bâtie la forteresse de Kristiansten. Pendant la grande guerre nordique, quelques années plus tard, cette forteresse allait sauver la ville d'une nouvelle conquête par l'armée suédoise commandée par le général Armfelt. Lors de cette retraite, 3 000 soldats suédois périrent dans une tempête de neige au cœur des montagnes qui délimitent la frontière entre les deux pays. Pendant la même guerre, le héros naval Peter Wessel Tordenskjold de Trondheim s'imposa comme l'un des amiraux les plus célèbres de la flotte dano-norvégienne.

Au XVIIIe siècle, l'essor financier de la ville fut mené par de riches marchands qui faisaient du commerce d'importation et d'exportation à l'aide de leurs propres navires. Le plus grand d'entre eux, Thomas Angell, légua sa fortune aux miséreux de la ville. Cependant, les autorités dépensèrent une grande part de cet argent pour la réalisation d'autres projets méritoires, dont les premières canalisations de la ville construites en 1777. Les riches marchands vivaient généralement le long de Kjøpmannsgaten, près de leurs quais sur les bords de la rivière. Ce sont des éléments qui font la particularité de la ville aujourd'hui. Les grands hôtels particuliers en bois de la ville, la Résidence royale étant d'ailleurs l'un des plus réputés, furent construits en ces temps de prospérité.

La vieille porte de la ville à Skansen

L'industrialisation du XIXe siècle entraîna une nouvelle croissance pour la ville. Quelques usines et ateliers furent créés et la voie ferrée vint relier Trondheim au Sud. La voie de chemins de fer de Røros fut inaugurée en 1877 et celle qui traverse les montagnes de Dovre en 1921.

À la fin du XIXe siècle, Trondheim s'imposa également comme centre d'enseignement. Le *Trondhjems tekniske Læreanstalt* (l'institut technique) fut fondé en 1870 et le *Norges tekniske Høgskole*, NTH (institut norvégien de technologie) fut établi en 1910. Douze ans plus tard, la *Norges lærerhøgskole*, NLHT (la haute école norvégienne) fut fondée et, en 1968, le *Stortinget* (le parlement norvégien) décida de fonder l'Université de Trondheim en regroupant le NTH, le NLHT et le Vitenskapsmuseet (Det Kongelige Norske Videnskabers Selskab – la société royale norvégienne de sciences). En 1996, toutes les facultés de l'université fusionnèrent pour créer la *Norges teknisk-naturvitenskapelige universitet* (NTNU) – l'université norvégienne des sciences et technologie.

Ce statut de centre administration et d'enseignement entraîna une augmentation de la population. En 1964, les communes voisines de Strinda, Tiller, Leinstrand et Byneset fusionnèrent avec Trondheim. Des banlieues sortirent de terre. Trondheim fut pendant longtemps une ville industrielle, mais son rôle de ville de savoir et de recherche prend de plus en plus d'ampleur. Aujourd'hui, la ville dispose de la deuxième université de Norvège en taille, NTNU, et du SINTEF, la célèbre fondation de recherche. En tant que centre administratif et ville de culture, Trondheim joue un rôle important pour l'ensemble de la région du *Midt-Norge* – du centre de la Norvège.

La châsse de St Olav

Voici à quoi la châsse de saint Olav ressemblait peut-être. Cette image s'inspire d'une photo d'une châsse de l'église de saint Thomas à Filefjell (1230–1250).

La châsse dans laquelle reposait la dépouille d'Olav consistait en trois coffres. Grâce aux dons généreux des pèlerins de l'église, la châsse était décorée de magnifiques ornements.

Un ecclésiastique, Peder Claussøn Friis (1545–1614), a décrit ainsi la châsse : « … ils agrémentèrent également la châsse de saint Oluff et le placèrent dans un coffre en argent, bien qu'il y eût également deux coffres en bois ornés à l'extérieur d'or, d'argent et de pierres précieuses. »

La châsse était ornée de 180 pierres montées sur argent, deux larges boutons dorés et une pierre bleue montée sur or. L'argent utilisé pour la châsse pesait au total 87 kilos. Pendant chacune des célébrations de saint Olav, soixante hommes portaient la châsse à travers les rues de la cité.

Après la Réforme, la châsse de saint Olav fut emportée à Copenhague. L'argent y fut fondu pour battre des pièces de monnaie à l'effigie de Christian III.

Chemins de pèlerinage en Europe

Bibliographie

Overnattingsguiden – Overnattingssteder langs pilegrimsveien fra Tønsberg til Nidaros, (Le guide d'hébergement – endroits où séjourner le long de la route de pèlerinage de Tønsberg à Nidaros) Confraternité de saint Jean, Kirkegt. 34a, N-0153 Oslo. Tél. : +47 22 33 03 11.

Pilgrim Road to Nidaros – St Olav's Way, Oslo to Trondheim by Alison Raju, Cicerone Press Ltd., 2002.

Pilegrimsguiden Tønsberg–Oslo–Hamar (Le guide du pèlerin Tønsberg – Oslo – Hamar). Par Eivind Luthen. Verbum forlag, 2003.

Pilegrimsguiden Hamar–Nidaros (Le guide du pèlerin Hamar – Nidaros). Par Tormod Berger, Eivind Luthen

En reisehåndbok for pilegrimsveien fra Hamar til Nidaros (Un guide de voyage pour la route de pèlerinage de Hamar à Nidaros). Verbum forlag, 2003.

Pilegrimsleden til Nidaros – En guide til vandringen (La route de pèlerinage vers Nidaros – Un guide pour vos excursions). Par Mari Kollandsrud, Gyldendal Norsk Forlag, 1997

Pilegrimsleden genom norra Klaraälvdalen och Trysil – en reseguide (La route de pèlerinage par la vallée de la Klara du Nord et Trysil – un guide de voyage), Museumssenteret Trysil Engerdal et Torsby kommun, 2007.

Pilegrimenes vandring til Nidaros. En guidebok for pilegrimsleden Trysil–Nord-Østerdalen–Trondheim (Routes de pèlerinage vers Nidaros. Un guide pour la route de pèlerinage Trysil – Østerdal du Nord – Trondheim). Par Mari Kollandsrud. Tynset kommune, 1999.

Romboleden (La route de pèlerinage du Rombo). Par Ellen Zirr Brox, Selbutrykk AS, 2000

La route du pèlerinage sur Internet

www.pilegrim.info
www.pilegrim.no
www.trondheim.no/pilgrimage

Notes

Notes

Notes